LE post-partum SANS TABOU !

tout ce que j'aurais aimé savoir...

Direction de la publication :
Isabelle Jeuge-Maynart et Ghislaine Stora

Direction éditoriale :
Émilie Franc et Julie Martin

Direction artistique :
Géraldine Lamy

Responsable éditoriale :
Nathalie Cornellana

Édition :
Evanne Darchy, assistée d'Émilie Grasso

Préparation de copie et relecture :
Aurélie Sallandrouze

Conception graphique et mise en page :
Anne Bordenave

Couverture :
Claire Simonet

Fabrication :
Donia Faiz

JUSTINE BOUDET
Créatrice du compte Instagram @lepostpartum

LE post-partum SANS TABOU !

tout ce que j'aurais aimé savoir...

LAROUSSE

Sommaire

Pages thématiques

Pour toi, mais aussi pour le co-parent

Pages thématiques

Histoires de mamans

Le mot de la fin

Introduction

Qui suis-je et pourquoi ce livre ?

Moi, c'est Justine. J'ai 27 ans, je suis infirmière de profession, et il y a déjà trois ans, je suis devenue maman d'une petite fille. Aujourd'hui, après une entrée mouvementée dans cette nouvelle vie, j'ai décidé d'écrire un livre pour raconter mon voyage vers la maternité, ainsi que mon immersion dans le post-partum, qui ne s'est, lui, pas passé comme je l'avais imaginé. J'ai eu l'impression de plonger dans l'inconnu le plus total, alors que, pourtant, j'avais eu le sentiment d'avoir été briefée tout au long de ma grossesse sur ce qui était censé m'attendre après. Enfin, c'est ce que je croyais… Je me suis vite rendu compte que la réalité pouvait être discordante et, surtout, j'ai dû y faire face. J'ai cru être seule, anormale et différente, mais je me suis aperçue que ce que je vivais était en fait fréquent, voire très fréquent.

Fréquent, mais encore trop tabou, trop méconnu, trop peu accompagné. Alors aujourd'hui, grâce à mon expérience, j'ai compilé une mine de conseils, d'informations et de témoignages, le tout condensé dans ce livre. Je te laisse donc, au fil des pages, découvrir mon vécu et mes astuces, et ainsi t'armer au mieux pour appréhender le plus sereinement possible ton post-partum.

Tout commence…

Il y a sept ans, la vie a mis sur mon chemin un homme merveilleux, un garçon rencontré au détour d'une de mes nombreuses sorties de jeunesse. Ce que je ne savais pas encore, c'est qu'il serait le père de ma fille. S'ensuit une histoire d'amour passionnée, et très vite, nous nous installons ensemble, dans un joli appartement du sud de la France.

La même année, j'entame mes études d'infirmière. Trois (longues) années d'études, riches, intenses et, surtout, stressantes. Je sors de tout cela avec un diplôme en poche et, rapidement, je décroche un CDI dans le secteur que je souhaitais.

De son côté, mon conjoint, 28 ans, a lui aussi une situation stable et prenante : il est marin pêcheur professionnel. Un métier physique et difficile, où l'on ne compte pas ses heures de travail.

Nous sommes en 2019, et durant nos quatre premières années de vie commune, nous avons beaucoup voyagé. Avec des souvenirs plein la tête, des vies épanouissantes, et un chat adopté en 2016, vient un jour la fameuse question : et si on agrandissait la famille avec un bébé ? Enfin, la question s'est posée plutôt de cette façon pour nous : et si on matérialisait notre amour par un bébé qui en serait le fruit ?

J'avoue, devenir mère n'est pas quelque chose auquel j'avais songé auparavant. Mais là, c'était différent : il s'agissait de construire une famille avec mon conjoint, l'homme que j'aime, et de vivre une expérience merveilleuse ensemble – pour moi, à ce moment-là, la maternité était aussi magique que dans les contes de Disney : « Ils vécurent heureux et eurent beaucoup d'enfants. » L'épanouissement ultime dont je rêvais, en somme.

Une grossesse et un accouchement faciles

Après des doutes sur ma fertilité à la suite de soucis de santé antérieurs, la « machine » se met tout de même en route. Et en août 2019, le verdict tombe : je suis enceinte. Je ne réalise pas dans un premier temps, puis j'angoisse. Les examens médicaux s'enchaînent : prises de sang, échographies, prélèvements d'urine, etc., ponctuent le rythme des mois qui suivent.

Entre mon ventre que j'adore voir s'arrondir, la décoration de la chambre et les cours préparatoires chez la sage-femme, comme beaucoup de parents, nous vivons alors un véritable rêve éveillé. Tout se déroule bien dans l'ensemble, et le jour fatidique arrive enfin : le 8 avril 2020, à 7 h 59, je mets au monde (sans complications) notre fille : Milla.

Le début des problèmes

À cet instant précis où je suis censée rencontrer l'amour de ma vie et être comblée de bonheur, pour moi, rien de tout cela ne se passe – absolument rien. **J'ai l'impression de ne pas connaître ce petit être à qui j'ai donné la vie et que j'ai pourtant porté pendant presque neuf mois.** Et cette simple pensée génère en moi un sentiment d'angoisse aiguë, qui viendra s'installer de façon permanente durant tout mon séjour à la maternité. Les changements de couches, les bibis, les regards, et même de simples contacts me paraissent stériles, vides de sens. Tout est machinal.

Je compte démesurément sur mon retour à la maison pour retrouver mes repères, et faire taire tous ces doutes qui ne cessent de grandir en moi. Mais cette étape est très loin de se passer comme je l'espérais : les angoisses se transforment en crises de panique, les doutes, en terreur, et les torrents de questions, en insomnie. Je sombre, littéralement.

Je me pose des questions sur ce bébé : qui est-elle ? Pourquoi je ne ressens rien ? Avons-nous bien fait d'avoir un enfant ? Comment dois-je m'y prendre ? Que doit-on faire ? Je n'y arriverai jamais, c'est trop d'un seul coup, c'est trop brutal. Mon conjoint voit ma détresse et craque. Il s'en veut et se demande sans cesse : pourquoi ? Pourquoi nous ?

À ce cocktail de fatigue, doutes, pleurs et peurs, vient s'ajouter un ingrédient fatal : les idées noires. Elles hantent mes pensées, elles me soufflent que c'est la seule issue à tout cela, car l'erreur commise est irréparable, à tout jamais. Ce désespoir est partagé à mes parents et ma belle-mère, car pour mon conjoint une chose est claire : je ne dois plus rester seule. Alors ma maman et ma belle-maman se relaient pour voir si je vais bien, si je suis là, en vie.

Les choses prennent beaucoup d'ampleur : je cesse de me nourrir, je ne dors plus, je suis obsédée par ma fille, et par cette fenêtre qui me guette. Le rendez-vous est pris chez mon médecin, qui me prescrit la prise urgente d'un antidépresseur associé à une prise en charge psychologique. Je commence donc mon traitement, et suis mise en relation avec une psychologue spécialisée *via* une association. Au bout de huit jours (j'ai compté), je commence à ressentir les effets du médicament, et certains symptômes se dissipent.

La lumière au bout du tunnel

Il aura fallu huit mois de traitement pour que je sorte totalement la tête de l'eau et m'éloigne du précipice dont j'étais si proche. Huit longs mois, à travailler sur moi-même et sur le lien avec ma fille. Mais j'ai compris que je n'étais pas un cas isolé, que tout ce que j'avais ressenti existait chez d'autres parents. Alors je décide, en juillet 2020, de créer un compte Instagram, afin d'écrire sur les sentiments ambivalents de mon nouveau rôle de mère, et peut-être, qui sait, de rencontrer d'autres mamans dans mon cas.

Une thérapie commence, je me livre à cœur ouvert sur ce compte, je partage mes coups durs et soulève des tabous. Et en quelques mois, je comptabilise 15 000 abonnés, principalement des femmes qui ont elles aussi vécu des moments sombres et difficiles en début de maternité. Je me retrouve sollicitée par certains médias comme @periodstudio, @neonmag, et même @loopsider, qui m'invitent à partager mon histoire.

À la suite de cet engouement médiatique, me voilà submergée de messages privés, dont beaucoup sont des appels à l'aide et de détresse de jeunes mamans. Et aujourd'hui, je suis dans l'incapacité de répondre à toutes ces femmes pleines d'espoir pour trouver l'issue à leur mal-être.

Cette situation me frustre énormément, car elles cherchent de l'aide ; ces femmes ont sûrement besoin d'être écoutées, guidées, rassurées et, très souvent, redirigées vers un(e) professionnel(le). Mais je me retrouve démunie face à la montagne de messages qui arrivent chaque jour. Alors, une idée (qui me travaillait déjà un peu avant) germe dans ma tête : et si j'écrivais un livre ? Un livre dans lequel on trouverait mon histoire, mais aussi et surtout des informations autour du post-partum, des astuces, le nom de professionnels spécialisés, et même des témoignages ?

Et c'est ainsi que *Le Post-partum sans tabou* est né. Il te permettra (je l'espère), à toi qui me lis, de mieux comprendre certaines choses que tu peux ressentir à l'arrivée de ton bébé. Il va aussi t'aider à savoir vers qui te tourner si tu rencontres des difficultés, à avoir les outils pour désamorcer certaines situations, à t'équiper astucieux, mais aussi te donner l'occasion de lire d'autres témoignages de mamans. Tout au long de ce livre, je te raconterai mon histoire, te partagerai mes ressentis, et te montrerai que l'on peut s'en sortir. Mais surtout, toi qui pensais être anormale, sache désormais que tu n'es pas seule.

« J'ai cru être seule, anormale et différente, mais je me suis aperçue que ce que je vivais était en fait fréquent, voire très fréquent. »

1

Ça touche le corps et la tête !

Tu vas pleurer, mais ne t'inquiète pas, tout va bien se passer !

Qu'est-ce que le post-partum ?

« Post-partum ». Ce mot d'origine latine – de *post* (« après, derrière ») et *partus* (« mise à bas ») – reste très méconnu du grand public. Contrairement à d'autres termes qui gravitent autour de l'univers de la maternité (accouchement, parentalité, grossesse, PMA…), il demeure à la traîne. Et pourtant, il représente une part non négligeable de ce qui constitue la maternité.

Mais de quoi s'agit-il, concrètement ? **Preuve peut-être du peu de considération dont il fait l'objet, il n'en existe aucune définition officielle à ce jour.** L'OMS (l'Organisation mondiale de la Santé) désigne certes par le terme « postnatal » la période qui débute à l'accouchement et se poursuit jusqu'à 42 jours après celui-ci. Mais on trouve d'autres définitions qui divergent, en particulier quant à la durée de cette phase.

Dans un cours pour le DE de sage-femme[1], on lit : « La période du post-partum s'étend de la fin de l'accouchement jusqu'au retour de couches (6 à 8 semaines après l'accouchement). » C'est d'ailleurs à ce moment-là que nous sommes invitées à aller consulter pour un rendez-vous de contrôle post-accouchement. Le post-partum s'arrêterait donc là ? Pas du tout !

En ce qui me concerne, forte de mon expérience de jeune maman ayant traversé le post-partum et de l'éclairage donné par ma profession d'infirmière, je pense que cette période peut être très longue.

Ainsi, on dit que « la dépression post-partum peut se manifester à tout moment pendant l'année suivant l'accouchement[2] ». Cela montre bien, encore une fois, que la période post-partum (et ses à-côtés) s'étale parfois dans le temps. Si elle commence dès la naissance du bébé, elle n'a pas de « deadline » précise. Il est tout à fait possible de se considérer en post-partum avec un enfant de 6 mois comme de 18 mois… ou de 3 ans[3].

Mais voici ce dont il faut prendre conscience avant tout : le post-partum ne se limite pas à une temporalité plus ou moins longue… Non. En fait, il inclut bien d'autres choses, qui vont te toucher toi, maman, qui vont concerner ton bébé, et aussi impliquer le co-parent.

Car l'arrivée d'un bébé et la période post-partum qui s'ensuit apportent leur lot de chamboulements, tant physiques que psychiques. Toi qui t'apprêtes à devenir maman, tu vas peut-être

1 UE Obstétrique, cours : « la visite postnatale », Université médicale virtuelle francophone.

2 Article « La dépression post-partum », Naître et grandir.

3. La sage-femme Anna Roy a en effet dit cette célèbre phrase : « Le post-partum dure 3 ans » et en parle d'ailleurs dans son ouvrage *Le post-partum dure 3 ans*, publié aux éditions Larousse en 2023.

ressentir des douleurs que tu ne comprendras pas, de la fatigue, et ton corps va exprimer des états dont tu ne soupçonnais même pas l'existence. Il va sûrement changer, évoluer, voire se transformer, et tu apprendras à l'apprivoiser.

Un gros bouleversement émotionnel peut survenir, avec des émotions décuplées et des pensées qui vont te sembler étranges. Peut-être que tu vas aimer ton bébé si fort que cela te prendra aux tripes, ou peut-être que tu ne ressentiras rien dans l'immédiat. Encore une fois, les réactions divergent fortement d'une femme à l'autre, mais aucune ne sort de la normalité.

Et garde en tête une chose : tu peux très bien expérimenter tous ces états, comme ne percevoir aucun changement notable. Mon but est de t'informer sur ce qui existe, pour qu'au moins – à la différence de ce qui s'est passé pour moi – tu ne te crois pas seule et anormale si tu vis ces événements-là, et que tu saches alors comment y faire face.

Les manifestations physiques

Les lochies

Les lochies représentent des **pertes résiduelles provenant de l'utérus,** qui vont se déclencher juste après l'accouchement, que celui-ci soit par voie basse ou par césarienne. Principalement constituées de sang, les lochies se composent aussi de mucus cervical et de débris de la plaie placentaire.

On les compare souvent à de « grosses règles », qui durent environ trois semaines. En règle générale, c'est à peu près cela… ou bien plus : les lochies peuvent persister jusqu'à six semaines (largement), avec des saignements extrêmement abondants (avec des caillots de la taille d'une prune), qui peuvent être impressionnants, mais n'ont rien d'inquiétant.

Voici un scénario relativement fiable : première semaine, les saignements se révèlent particulièrement importants, de couleur très foncée, et s'accompagnent de caillots. Les deux ou trois semaines suivantes, les pertes seront plutôt rouge vif (la plaie placentaire saigne toujours, c'est normal). Puis elles se feront de moins en moins abondantes, et finiront par devenir marron (preuve qu'il s'agit de « vieux » sang et que la plaie placentaire cicatrise). Vers la fin, elles seront jaunâtres, signe d'une cicatrisation totale et d'un nettoyage complet de l'utérus et du vagin. **Cependant, si ces pertes s'accompagnent de très grosses douleurs ou de fièvre, il convient de consulter rapidement un professionnel de santé.**

Personnellement, j'ai saigné durant un bon mois, de manière très abondante, et mes protections n'étaient pas adaptées à mon flux. À vrai dire, j'ai eu du mal à choisir celles qui convenaient : culotte-filet ? protections XXL ? Dur, dur de s'y retrouver, lorsqu'on ne sait pas vraiment ce qui nous attend… J'ai tout acheté en pharmacie, sans vraiment me poser de questions. Mais par la suite, je me suis renseignée sur ce que l'on pouvait trouver en termes de protections post-partum. Et j'ai découvert des choses géniales, que je te partage, dans le chapitre « S'équiper astucieux – Pour la maman » (voir p. 87).

PUBLICATION PARTAGÉE LE 28 JANVIER 2022
PAR LEPOSTPARTUM

Les miennes ont bien duré 4 semaines. C'était assez différent des règles car la coloration du flux a varié et je me suis même inquiétée lorsque mes pertes étaient de couleur jaunâtre. Mais comme je te l'explique ici, c'est en réalité totalement normal. En revanche, mon flux était tellement abondant que des « morceaux » entiers s'évacuaient. D'une manière générale, je n'ai pas eu vraiment mal, mais je me souviens d'une nuit, 3 jours après mon accouchement, durant laquelle je pleurais de douleur. J'ai dû prendre une douche chaude pour me soulager. Quant aux protections, j'ai pris celles trouvées en pharmacie, pas très adaptées à mon flux et peu confortables…

Justine

Les tranchées

Ces **contractions post-accouchement** permettent à l'utérus de retrouver progressivement sa taille initiale (similaire à celle d'une orange). Grâce à elles, ce dernier évacue les lochies, et referme les vaisseaux sanguins qui alimentaient le placenta. Elles peuvent durer jusqu'à une semaine après l'accouchement et être stimulées par l'allaitement, *via* la succion de Bébé, qui elle-même générera de l'ocytocine (hormone de l'attachement). Cette dernière émettra un signal, venant renforcer le processus des tranchées et parfois les douleurs !

Il arrive en effet que les tranchées fassent assez mal. Les premiers jours, pour certaines femmes, elles s'apparentent même aux contractions vécues pendant l'accouchement. Il ne faut pas hésiter à en parler à son médecin, afin de pouvoir être apaisée. N'oublions pas que la sensation de douleur reste quelque chose de subjectif, et de propre à chaque personne. Généralement, un traitement qui soulage efficacement est administré. On peut aussi prendre une douche chaude, ou pratiquer un massage dans le sens des aiguilles d'une montre, sous forme de petits cercles, entre le nombril et le pubis.

Pour ma part, j'ai eu des tranchées plutôt violentes (j'éprouvais comme des sensations de vertiges durant quelques instants, pendant la contraction). De vives douleurs, identiques à des contractions de travail, qui sont venues tirailler mon bas-ventre. J'ai bien senti que tout essayait de se remettre en place ! Mais ça n'a pas duré longtemps – deux jours après mon accouchement, c'était fini. Respirer profondément, en inspirant par le nez et en expirant par la bouche, m'a aidée à gérer tout ça.

Justine

Les montées de lait

L'accouchement et l'expulsion du placenta activent une hormone nommée « prolactine ». Celle-ci va alors provoquer la montée de lait, dans les 2 à 4 jours après l'accouchement. **À ce moment-là, la poitrine se gonfle et devient tendue.** Là encore, cela peut être vraiment douloureux pour certaines femmes…

Avant le lait, une jeune mère produit ce que l'on appelle le « colostrum » : ce liquide de couleur jaune, riche en anticorps, a un rôle anti-infectieux dont bénéficie ton bébé. En 15 jours, il devient du lait transitionnel, pour finir par se transformer en lait dit « mature ». Ce dernier s'avère moins riche en anticorps, mais il est beaucoup plus nutritionnel pour l'enfant.

Que l'on allaite ou non, il est possible de rencontrer certains désagréments liés à la montée de lait ou à l'allaitement.

Si la poitrine devient douloureuse, placer des gants de toilette imprégnés d'eau chaude sur celle-ci est un bon moyen de soulager ces tensions. Si on allaite, on peut mettre Bébé au sein ou tirer son lait si on pratique un allaitement au biberon. Ces actions stimulent les seins et permettent de calmer la douleur[1].

Durant les premières semaines de l'allaitement, **les crevasses, ou gerçures mammaires,** s'avèrent relativement fréquentes. Car si le téton est souvent humide, il arrive que cela se fissure. Rien de grave, il suffit de laisser les seins le plus possible à l'air, et tout ira mieux. La crème de chez Melicare© est parfaite pour traiter ce souci-là.

1 Institut national de santé publique du Québec, « Les seins pendant l'allaitement ».

Lorsque le lait n'est pas suffisamment évacué survient ce que l'on appelle un **engorgement**. Le lait stagne dans les seins et provoque une obstruction des canaux mammaires, souvent douloureuse… Si on ne réagit pas, attention à la **mastite** : il s'agit d'une inflammation importante parfois accompagnée de fièvre. Pour éviter cela, il faut bien surveiller sa poitrine : chaleur, rougeur, sensibilité croissante, gonflement, voire fièvre. Si des symptômes apparaissent, il faut évacuer le plus de lait possible si on est allaitante. Et dans le cas contraire, il convient de favoriser l'arrêt de la montée de lait, en bandant sa poitrine, ou en plaçant des feuilles de chou dans son soutien-gorge (oui, oui). Celles qui n'allaitent pas peuvent aussi se faire prescrire une crème anti-inflammatoire. L'aromathérapie et l'homéopathie peuvent se révéler très efficaces également.

Quand on vient d'accoucher, au moindre doute, souci, ou bien sûr problème véritable, en parler à un professionnel – sage-femme, médecin, doula, conseillère en lactation… – est plus que recommandé.

Je n'ai pas allaité, mais je n'ai toutefois pas échappé aux montées de lait, qui se déclenchent naturellement après avoir accouché. Malgré mon choix, la maternité où j'ai accouché ne donnait pas de traitement pour les stopper. J'ai donc dû, sur le conseil de ma sage-femme, porter des brassières très serrées durant une semaine pour essayer de les arrêter au plus vite. Une fois de retour à la maison, j'avais les seins durs comme de la pierre et extrêmement douloureux ! J'ai dû appeler ma sage-femme, qui m'a immédiatement donné une crème anti-inflammatoire.

Justine

CONSÉQUENCES DES MONTÉES DE LAIT ET DE L'ALLAITEMENT

Mes astuces pour te soulager

Poitrine douloureuse

Place des gants gorgés d'eau chaude sur ta poitrine pour soulager les tensions.

- Si tu allaites, mets Bébé au sein le plus souvent possible.
- Si tu allaites en donnant à Bébé ton lait au biberon, tire celui-ci. Tu peux aussi le faire manuellement pour faire sortir le trop-plein.

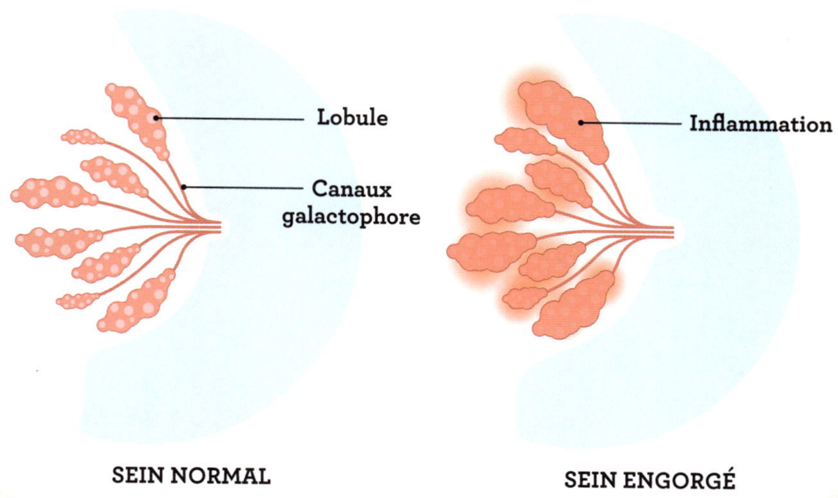

Engorgement et mastite

Un engorgement peut provoquer une obstruction des canaux mammaires, souvent douloureuse. Si rien n'est fait, une mastite (inflammation accompagnée de fièvre), peut survenir !

- Surveille ta poitrine pour détecter certains signes comme la chaleur, des rougeurs, une sensibilité croissante, un gonflement ou de la fièvre. En cas de fièvre toutefois, n'hésite pas à consulter un professionnel de santé.
- Bande ta poitrine.
- Place des feuilles de chou dans ton soutien-gorge. Enveloppe la bien autour du sein engorgé et laisse-la en place quelques temps.

Crevasses et gerçures mammaires

Après avoir laissé tes seins à l'air, si cela ne suffit pas, tu peux utiliser la crème Melicare®, parfaite pour protéger les mamelons très sollicités. Elle aide grandement à la réparation de la peau et soulage la douleur.

- Applique, après chaque tétée, l'équivalent d'un grain de riz de la crème Melicare®.
- Continue jusqu'à cicatrisation complète.

Astuce

Dès lors que tu ressens une douleur, qu'elle soit due à des crevasses, des gerçures, un engorgement ou une mastite, tu peux également l'apaiser grâce à des anti-douleurs comme les anti-inflammatoires (paracétamol, aspirine ou ibuprofène par exemple).

Béance vaginale et incontinence

Commençons par **la béance vaginale** : celle-ci est décrite comme « une distension des muscles superficiels du périnée. Elle peut être liée à l'accouchement (gros bébé, forceps, etc.) et aussi à l'allaitement, qui maintient les tissus dans une relative hypotonicité », détaille la sage-femme Éva Baeyens[2].

Comment savoir si tu en souffres ? Les symptômes ressemblent à ceux-ci :

- tu as des douleurs ou une gêne durant les rapports sexuels ;
- tu as peu ou aucune sensation lors de la pénétration ;
- de l'eau coule de ton vagin plusieurs minutes après que tu es sortie du bain ou de la piscine ;
- les tampons hygiéniques ne tiennent pas **(attention : il est préférable d'attendre la consultation à 6 semaines post-partum avec ton gynécologue pour valider leur utilisation) ;**
- tu pâtis d'incontinence urinaire ;
- tu souffres de sécheresse vaginale, d'infections vaginales et/ou urinaires à répétition.

Si tu constates un ou plusieurs de ces problèmes, tu ne dois pas attendre pour en parler à un professionnel de santé. Et ne t'inquiète pas, de nombreuses femmes sont touchées, tu n'es pas la seule, et il existe des solutions.

> Je n'ai pas eu de soucis à ce niveau-là. Cependant, lors du rendez-vous de contrôle des 6-8 semaines post-accouchement, mon gynécologue m'a dit que je n'avais pas besoin de rééducation du périnée. Cela n'a pas été un problème pour moi de ne pas l'avoir faite, mais il est toutefois fortement recommandé de la faire après son accouchement...
>
> Justine

2 www.leslouves.com/le-corps-apres-laccouchement-les-tabous-du-post-partum/

Que faire alors ?

Rééduquer son périnée !

Généralement, la béance vaginale se rétablit grâce à cela. La rééducation permet de régler de nombreux dérèglements, mais aussi de te réapproprier ton corps. Et ça, c'est essentiel !

Si le problème est important, après l'avis de ta sage-femme et/ou de ton gynécologue, tu peux avoir recours à la chirurgie. Mais attention ! **Cette dernière ne se substitue en aucun cas à la rééducation du périnée.** Elle est recommandée si, en plus d'une béance vaginale, tu souffres de symptômes associés, comme une descente d'organes par exemple (voir p. 35).

La prévention sera ta meilleure arme ! Je te conseille d'entretenir et de muscler ton périnée tout au long de ta vie. **Voici un exercice très simple que tu peux faire partout : en position assise, contracte ton vagin comme si tu te retenais d'uriner. Essaye de tenir pendant 5 secondes puis relâche. Répète cela une dizaine de fois**. Plus tu pratiqueras, plus tu pourras augmenter, au fur et à mesure, le temps de la contraction. Tu peux t'exercer en voiture par exemple !

Astuce coup de cœur : la sonde Emy de chez Fizimed® permet de travailler la rééducation à domicile. Grâce à une application mobile, tu peux facilement mettre en place les exercices et visualiser tes résultats.

LE PÉRINÉE

Le **périnée féminin**, ou « plancher pelvien », est un ensemble de muscles en forme de « hamac », s'étendant du pubis au coccyx[1].

Quel est son rôle ?

- Il soutient les organes du petit bassin (vessie, utérus, rectum).
- Il garantit l'étanchéité des sphincters, c'est-à-dire l'ouverture et la fermeture de la vessie et du rectum, assurant ainsi une bonne continence.
- Il contribue également aux sensations lors des rapports sexuels.

C'est une zone grandement sollicitée durant la grossesse, mais encore plus lors de la mise au monde. Et il arrive que, à la suite de cela, tu rencontres certains inconforts.

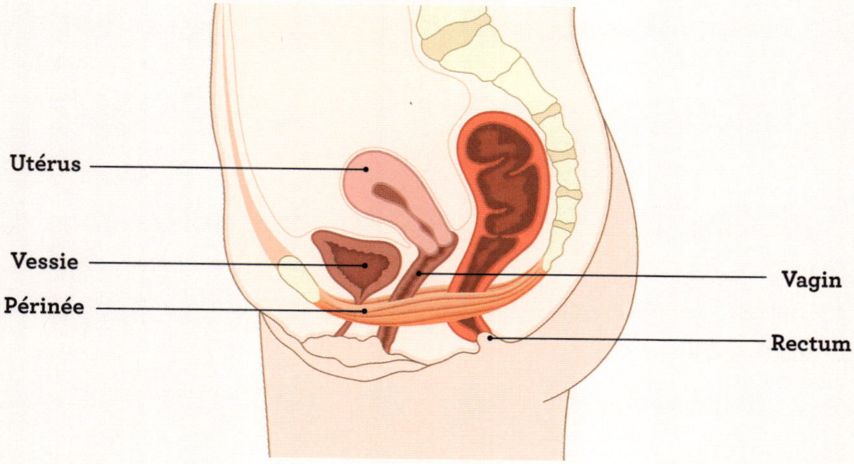

1. www.saforelle.com/conseils-d-experts/le-perinee-feminin.html

Comment se passe la rééducation du périnée ?

La rééducation périnéale[2] sert à **renforcer les musculaires de la région du périnée** afin d'obtenir un meilleur tonus et de prévenir toutes complications (comme la béance vaginale ou l'incontinence urinaire).

- Il est conseillé de débuter les séances au moins **6 à 8 semaines après l'accouchement,** soit juste après avoir eu l'accord du gynécologue lors du rendez-vous de contrôle qui a lieu à 6 semaines post-partum.
- Une séance dure **30 minutes** au total, au rythme de **1 à 2 par semaine** au cabinet. Le premier rendez-vous permet de connaître les problèmes rencontrés (difficultés à se retenir pour les urines, sensation de pesanteur ou douleurs, etc.). Puis a lieu un examen clinique avec un toucher vaginal pour connaître le tonus du périnée : ça s'appelle le *testing*.
- Certaines femmes vont avoir besoin de **4-5 séances, d'autres d'une dizaine.** C'est l'examen du premier rendez-vous, puis l'évolution constatée durant les séances, qui vont déterminer le nombre nécessaire.

Il existe différents types de rééducation du périnée. Lorsqu'elle est faite en cabinet, il s'agit de la **méthode manuelle** : c'est une rééducation par le souffle, en hypopression et avec des exercices de visualisation. Cependant, dans certains cas, une **sonde vaginale d'électrostimulation** peut être nécessaire.

2 www.sagefemme-acton.fr/reeducation-du-perinee/

Et l'incontinence urinaire post-partum, qu'est-ce que c'est ? Il s'agit de pertes involontaires d'urine. Elles sont majorées à l'effort, quand on tousse ou que l'on rit.

Celle expérimentée durant la grossesse est provoquée par les hormones : les ligaments se relâchent pour laisser la place à l'utérus de s'agrandir. Le muscle de la vessie perd alors de sa tonicité. Et quand Bébé grandit au fil des mois, il appuie fortement sur les voies urinaires, ce qui cause des fuites.

Et pendant le 4e trimestre, alors ? Le phénomène peut être accentué par l'accouchement, qui peut sensibiliser le périnée et son ensemble : il en est ainsi des accouchements par voie basse, ou encore en cas de déchirure du périnée. Le rang de naissance joue également (c'est plus fréquent pour un 2e ou un 3e enfant).

Rassure-toi cependant, tu ne vas pas nécessairement être concernée. **Mais si tu es touchée, sache une chose : l'incontinence urinaire vise environ 30 % des femmes enceintes, et environ 40 % des jeunes mamans jusqu'à 2 mois post-partum !** Conclusion, tu n'es pas une exception et il existe des solutions pour pallier tout ça.[3]

Que faire alors ? Encore une fois, la rééducation du périnée est la meilleure arme pour lutter contre l'incontinence urinaire. Cependant, si malgré cela, il n'y a pas de grands changements, ta sage-femme ou ton gynécologue t'orientera vers d'autres professionnels de santé, qui te proposeront un traitement ou de la chirurgie.

3 www.ameli.fr/assure/sante/themes/prolapsus-genito-urinaire/comprendre-prolapsus-genital et https://www.elsan.care/fr/pathologie-et-traitement/maladies-gynecologiques/prolapsus-descente-organes-causes-traitement

LA DESCENTE D'ORGANES

« Un sujet tabou qui concerne 1 femme sur 3 après la ménopause. »

Une **descente d'organes**, ou prolapsus, est une chute des organes de leur emplacement normal, c'est-à-dire le glissement vers le bas, dans le petit bassin, d'un ou plusieurs organes pelviens. Ceux-ci sont normalement soutenus par le périnée et cette descente peut arriver s'il est fragilisé (à cause de l'accouchement par exemple).

Généralement, aucun symptôme n'indique une descente d'organes. Elle est parfois découverte lors d'un examen de contrôle chez le gynécologue. Cependant, tu peux tout de même avoir les symptômes suivants :

- sensation de lourdeur dans le bas-ventre ;
- présence d'une boule vaginale ;
- troubles urinaires, dont l'incontinence urinaire ;
- infections urinaires à répétition ;
- gêne lors des rapports sexuels.

Si tu remarques l'un de ces symptômes, n'hésite pas à consulter un professionnel de santé qui te proposera un traitement adapté, si le diagnostic est confirmé.

Suites de césarienne et d'épisiotomie

Césarienne et épisiotomie. Tu as dû entendre ces mots et les préjugés qui les accompagnent avant même d'être enceinte ! Voici de quoi y voir plus clair…

La césarienne

La césarienne est une **intervention chirurgicale qui consiste à inciser l'abdomen et l'utérus pour permettre la mise au monde.** Sache qu'en France, **1 femme sur 5** donne naissance à son bébé ainsi, ce n'est donc pas un événement rare ! Cet acte est réalisé lorsque certaines conditions, chez la mère ou chez l'enfant, ne rendent pas possible un accouchement par voie basse. Dans moins de 50 % des cas, il est programmé, et pour le reste, il a lieu en urgence ou pendant le travail, après une tentative par voie basse. Car, en fonction de la façon dont se déroule le travail, indépendamment de ta volonté et ce jusqu'au dernier moment, la manière d'accoucher peut changer. **Cette décision est prise si ta santé ou celle de ton bébé est en danger.**

Pour aller plus loin

Le compte Instagram @maman.cesarisee alimenté par @le.souriredenoemy est une vraie mine d'or.

MAMAN.CESARISEE

Et en post-partum ?

La césarienne étant un acte chirurgical invasif, ses suites sont à surveiller. Après le retour à domicile, une infirmière s'occupe de faire le pansement et de retirer les points ou les agrafes, généralement 10 jours après l'intervention.

Ensuite, à chacune d'en prendre soin :

- laver la cicatrice uniquement avec un savon neutre, et bien la sécher en tamponnant ;
- utiliser la pommade à base de calendula (souci des jardins), connue pour ses propriétés cicatrisantes, antiseptiques et anti-inflammatoires ;
- porter des vêtements et sous-vêtements spécialement conçus pour ne pas gêner la cicatrice ;
- pas de charge lourde (c'est très important) pendant au moins 1 mois après ton accouchement ;
- pas de bain avant 6 semaines post-partum[4] !

C'est deux derniers points valent également pour un accouchement par voie basse.

Pour finir, je souhaiterais rétablir la vérité sur quelque chose que j'entends bien trop souvent. Beaucoup d'idées négatives sur la césarienne circulent. On entend même que les femmes qui mettent au monde de cette façon ne sont pas de vraies mamans, ou n'ont pas vraiment accouché. C'est totalement faux ! **Faire naître son bébé par césarienne, c'est un accouchement à part entière**.

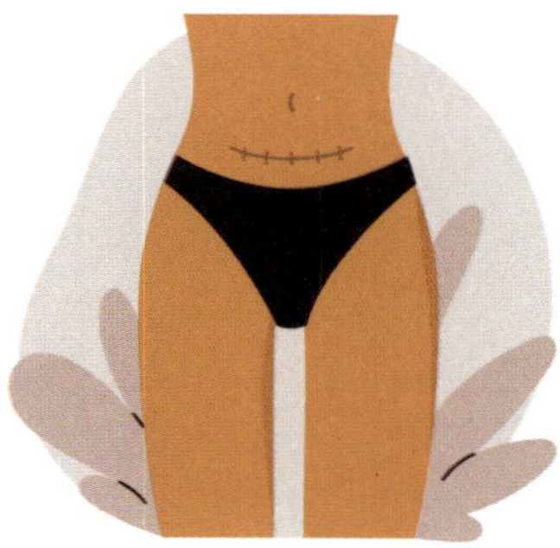

4. https://www.joone.fr/blogs/joornal/avant-d-envisager-la-baignade-apres-laccouchement-lisez-ceci

L'épisiotomie

L'épisiotomie[5] est une **incision (de 2,5 cm à 5 cm de long)** que l'on pratique dans le bas du vagin, au niveau du périnée, pour en augmenter l'ouverture et ainsi faciliter le passage du bébé.

Selon les chiffres de 2016[6], le taux d'épisiotomie chez les femmes accouchant pour la première fois et par voie basse se situe à 35 %, et pour celles ayant déjà enfanté, à 10 %. Dans les années 1980, cette incision se pratiquait de façon quasi systématique. Mais aujourd'hui, les praticiens sont plus regardants sur la nécessité d'y avoir recours. Une situation d'urgence pour un bébé en siège qui peine à sortir ou la détection d'une anomalie du rythme cardiaque fœtale, nécessitant une extraction rapide, peuvent constituer des raisons d'intervenir.

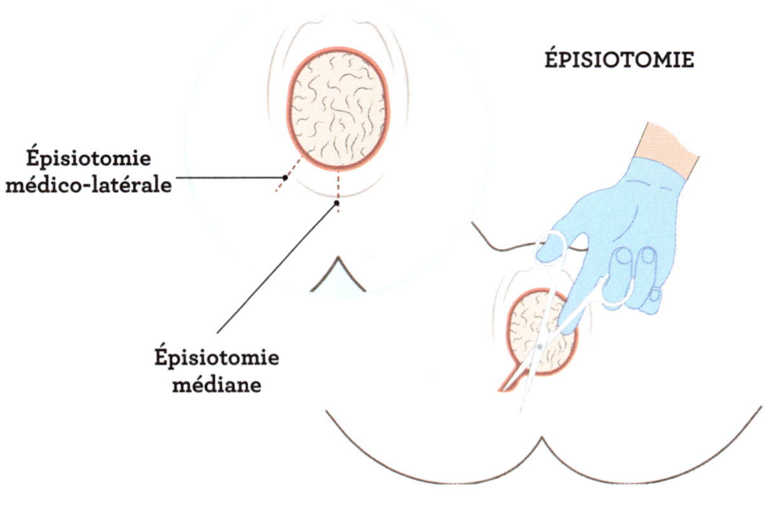

5 www.naitreetgrandir.com/fr/grossesse/accouchement/grossesse-accouchement-episiotomie/

6 Enquête nationale périnatale 2016, Les naissances et les établissements, situation et évolution depuis 2010. Rapport rédigé par l'INSERM et la DREES.

L'épisiotomie n'est pas un acte anodin et elle fait parfois peur. **Toutefois, sois rassurée, elle n'est pas douloureuse à proprement parler.** En effet, lorsque l'incision est pratiquée, soit tu es déjà sous péridurale, soit une anesthésie locale est pratiquée si nécessaire. Il est néanmoins important d'avoir les clés en main pour essayer de mieux la vivre, ainsi que ses suites.

Et en post-partum ?

La zone est douloureuse et **une gêne peut persister 2 à 3 semaines,** parfois plus. Pour faciliter l'assise tout en laissant, surtout les premiers jours, la zone fragilisée au repos, il existe des sortes de coussins en forme de bouée. Si c'est trop pénible, tu dois en parler à ta sage-femme et/ou ton gynécologue : c'est important que tu sois entendue et soulagée. Comme pour la césarienne, les fils se résorbent (ou sont retirés) généralement au bout de 10 jours.

Après chaque passage aux toilettes, on te conseillera sans doute de rincer la cicatrice. Tu peux le faire à l'aide d'un petit « rinçoir »[7] souvent fourni dans les trousses ou boxes post-partum (voir p. 87). La plaie doit ensuite être séchée soigneusement avec une serviette propre. Et surtout, pas d'idée loufoque : oublie le sèche-cheveux ! La chaleur est à bannir.

Si la zone reste sensible au bout de 2 à 4 mois, il est important de consulter pour vérifier que la cicatrisation s'est faite correctement et que tu ne souffres pas d'autre chose (mauvaise cicatrisation, infection, hématome, etc.), et pour t'orienter, le cas échéant, vers un spécialiste. Tu peux aussi reprendre l'astuce de la pommade à base de calendula, et masser doucement la zone de l'épisiotomie.

7 Disponible dans Le Bliss Vanity de chez Bliss Stories.

Attention, elle-ci reste sensible car elle est pourvue d'une muqueuse, et donc plus délicate comparé à d'autres.

Pour conclure, une césarienne ou une épisiotomie peuvent être difficiles à vivre psychologiquement. À l'accouchement vient s'ajouter un acte invasif, qui laisse des traces, et parfois des séquelles. **Il ne faut donc pas hésiter à consulter des professionnels si tu ressens des troubles physiques comme psychiques. Ne reste pas avec ton mal-être !**

Je n'ai pas eu d'épisiotomie mais on m'a toutefois fait trois points de suture en interne sur la paroi vaginale car, pendant l'accouchement, ça a fissuré à ce niveau-là. Ça me brûlait les premiers jours lorsque j'allais faire pipi, mais la technique de faire couler de l'eau en simultané m'a aidée. Les points sont tombés tout seuls en 3 semaines et je n'ai pas gardé de séquelles.

Justine

L'ÉPISIOTOMIE EN CHIFFRES

2,5 à 5
cm de long

C'est la taille de cette incision appelée « épisiotomie ».

35 %

D'après les chiffres de 2016, 35 % des femmes accouchant pour la première fois par voie basse subissent une épisiotomie.

10 %

Le pourcentage chute en revanche à 10 % pour les femmes ayant déjà accouché.

1980

Dans les années 1980, les médecins avaient recours à l'épisiotomie de façon quasi systématique.

LES DÉCHIRURES

Il existe **3 types de déchirures** dont le degré est déterminé par la gravité[1].

Les déchirures de 1er degré, appelées aussi **déchirures incomplètes ou simples,** correspondent à une simple atteinte de la peau près de l'entrée vaginale ou des muqueuses du vagin. Semblables à des petites griffures, celles-ci ne nécessitent pas de points de suture.

Les déchirures du 2e degré, ou **déchirures complètes** peuvent atteindre le plancher pelvien, voire le sphincter anal. Dans ces cas-là, les sages-femmes ou médecins vont immédiatement suturer sous anesthésie locale ou pendant la péridurale, pour permettre une meilleure cicatrisation.

Les déchirures du 3e degré, dites **complètes compliquées,** sont les déchirures qui mettent à mal la communication entre le vagin et le bas rectum. Il y a un fort risque de descente d'organes immédiate, et il est nécessaire de suturer en salle d'opération.

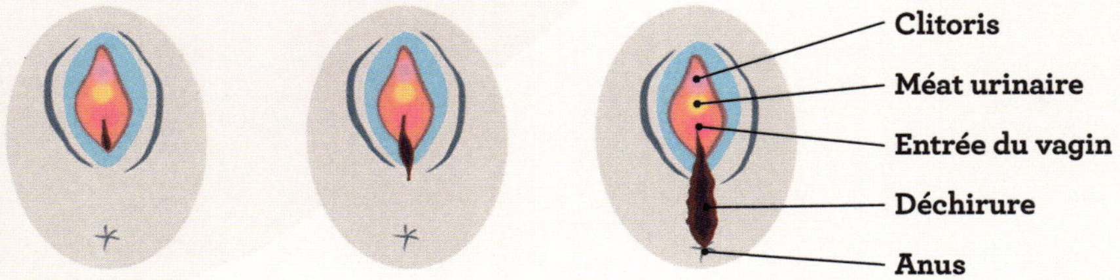

1 www.magicmaman.com/tout-savoir-sur-les-dechirures-pendant-l-accouchement,3613824.asp

Hémorroïdes et constipation

Les hémorroïdes

Les hémorroïdes sont des **veines étirées et enflées au niveau de l'anus et du rectum.** Elles s'accompagnent d'une boule de la taille d'un pois aux abords de l'anus, et de douleurs au moment d'aller à la selle, avec parfois des saignements. **Il est fréquent d'en souffrir pendant la grossesse, du fait de constipations répétées, dues aux changements hormonaux.** Elles provoquent généralement des démangeaisons, des irritations et une gêne autour de l'anus, causées par l'inflammation de la veine.

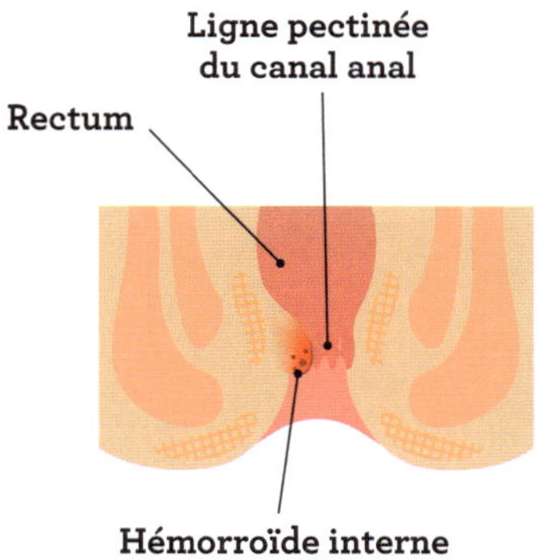

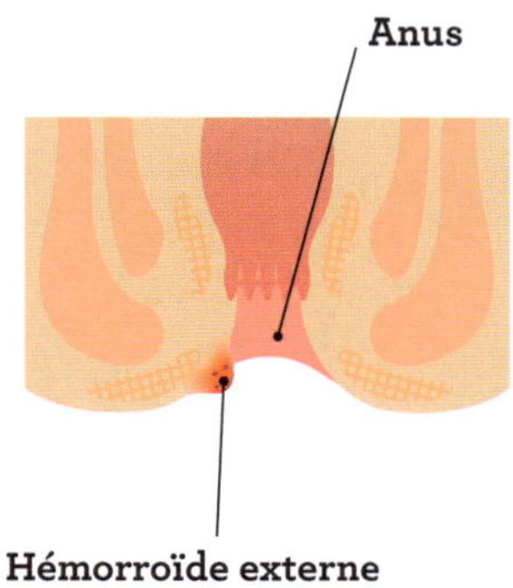

Et en post-partum ?

Pendant l'accouchement, la poussée favorise l'extériorisation d'une partie des hémorroïdes. Elles se retrouvent alors étranglées par le sphincter anal, ce qui peut provoquer des douleurs, voire des saignements au moment des selles.

Ce désagrément, assez fréquent, touche au moins **20 % des jeunes mamans,** pour disparaître habituellement au bout de quelques jours.

Pour te soulager, tu peux utiliser des poches de glace ou une solution à base d'hamamélis de Virginie, pourvue de propriétés antioxydantes et anti-tumeur.

« On laisse son corps tranquille et on est douce avec soi-même. »

Tu peux la mettre au réfrigérateur pour une meilleure efficacité ! **Ne porte pas de charges lourdes, et ne reste pas trop longtemps sur les toilettes,** car cela provoque la descente des hémorroïdes. Et surtout, **hydrate-toi bien et consomme des fibres** afin de faciliter le transit, car, tu l'as compris, constipation et hémorroïdes sont étroitement liées, et cela devient vite un cercle vicieux.

La constipation

La constipation désigne une **diminution de la fréquence des selles** (qui passe à tous les 3 jours environ), associée à une difficulté pour les évacuer. Elle va souvent de pair avec une sensation d'inconfort au niveau du ventre, principalement de l'abdomen, traversé par des crampes et des ballonnements.

Et en post-partum ?

La constipation est principalement **liée aux variations hormonales** déjà présentes pendant la grossesse. D'ailleurs, de nombreuses femmes enceintes sont concernées. La peur d'aller à la selle en cas de cicatrice d'épisiotomie ou de césarienne ou la douleur d'éventuelles hémorroïdes peuvent accentuer les choses. D'ailleurs je te conseille d'utiliser la poudre végétale Opti'fibre de Nestlé®, qui aide à lutter contre la constipation (pendant et après la grossesse et qui est également compatible avec l'allaitement). Comme pour les hémorroïdes, la règle d'une hydratation renforcée associée à une bonne alimentation riche en fibres (voir p. 91) représente vraiment la base pour éviter des complications.

Pour conclure, si tu sens que le phénomène de constipation ou d'hémorroïdes prend trop d'ampleur malgré la mise en place de solutions, tu dois impérativement aller consulter un professionnel de santé. Tu ne dois surtout pas rester avec ton problème et ta douleur.

Un corps différent

Tu l'as compris, ton corps est au centre de nombreuses préoccupations durant les suites de couches. Dans une époque où on met en avant le « *body-positive* », c'est-à-dire le fait d'apprécier le corps que l'on a et d'accepter de le montrer autrement que lissé par des filtres ou modifié par des applis, le corps post-partum a toute sa place.

Les mentalités évoluent, et de plus en plus de femmes assument ainsi leurs transformations physiques, afin d'informer le public sur la réalité de nombreuses jeunes mamans, mais aussi de briser des tabous encore bien trop présents.

« Ton corps post-partum, ce corps qui a porté la vie et permis la mise au monde. Ce corps qui apparaît transformé, marqué par ce qu'il a accompli. Ce corps que, parfois, tu ne reconnais plus, que tu voudrais changer. Ce corps qui te fait mal. Ce corps que tu vénères, que tu chéris pour ce qu'il t'a offert. Un nouveau corps qu'il faut se réapproprier et apprivoiser. »

MAIS AU JUSTE, QU'EST-CE QUI CHANGE ?

1. Ton ventre de grossesse est toujours là

Ton ventre ressemble à celui que tu avais lorsque tu étais enceinte de 4 ou 5 mois, mais sans Bébé dedans, en plus mou et flasque. Et **c'est le cas pour 90 % des jeunes mamans** (les 10 autres sont les rares femmes qui arrivent à remettre leur pantalon d'« avant » à la sortie de la maternité) ! Pourquoi est-il comme cela ? Tout simplement car l'utérus n'a pas encore repris sa taille normale – il lui faudra environ 4 semaines pour cela.

Pendant cette période, penser à hydrater sa peau et à la masser pour l'aider à regagner en tonus est une bonne habitude. Le ventre va s'atténuer au fil du temps et s'harmoniser à sa façon, à condition de patience.

2. Tes kilos ne s'estompent pas par magie

Certaines prennent très peu de kilos pendant leur grossesse et d'autres beaucoup plus – c'est propre au métabolisme de chacune. Eh bien pour les perdre, c'est pareil, et cela paraît parfois injuste, surtout dans une société où la pression du « corps parfait » règne encore, notamment *via* les réseaux sociaux, où de jeunes mamans s'affichent avec une silhouette svelte et intacte. D'ailleurs, je vais insister là-dessus : n'oublie pas que sur les réseaux sociaux, on montre ce que l'on souhaite – et ce que tu vois est parfois bien loin de la réalité.

L'accouchement permet de se débarrasser de 6 à 8 kilos, grâce à l'expulsion du bébé, du placenta, du liquide amiotique, etc. Pour le reste, il faut attendre un peu. Pendant le 4e trimestre, le poids n'est pas une priorité. Apprends à redécouvrir ton corps et à lui laisser le temps de se remettre de ce qu'il a traversé. **Sois indulgente avec toi-même, tu es loin d'être la seule à voir ton corps en vrac après une naissance.** Prends soin de lui !

3. Des vergetures se tracent sur tout ton corps

Des vergetures, parfois même beaucoup, apparaissent très souvent dès la grossesse, à des endroits que l'on n'aurait jamais soupçonnés. Principal concerné, le ventre, dont l'élasticité est très sollicitée durant 9 mois. Mais il peut y avoir aussi la poitrine, les fesses, et même l'intérieur des cuisses. Les vergetures peuvent aussi survenir après l'arrivée du bébé, du fait d'un relâchement trop rapide de la peau. Il est possible de les prévenir en appliquant quand on est enceinte (et ce le plus tôt possible) des crèmes à base d'huile (je te conseille celle de chez Baûbo®) ou des préparations spécialement prescrites par ton gynécologue. Et si le mal est fait, tu peux toujours atténuer leur aspect en continuant de masser les zones touchées tous les jours, le plus longtemps possible. Les vergetures ne disparaîtront pas complètement, mais cela permettra à ta peau de retrouver en tonicité ; cela t'aidera aussi à t'approprier ce nouveau corps et à accepter ces marques qui ont une histoire.

4. Ton bassin s'est élargi

Enfanter modifie le corps de l'intérieur. En effet, après un accouchement par voie basse, **il est possible que tes hanches deviennent plus larges et gagnent jusqu'à 2 cm.** Car, pour laisser passer le bébé, les os du bassin s'écartent. Le soin Rebozo **(voir p. 115)** agit sur ce point et aide le squelette à retrouver son emplacement initial. Un(e) ostéopathe ou un(e) kinésithérapeute peuvent aussi avoir une action bénéfique.

5. Ta poitrine s'est modifiée

Pendant la grossesse, la poitrine gagne en volume sous l'effet des hormones spécifiques à cette période, qui en modifient l'aspect : les seins se préparent alors doucement à recevoir les futures montées de lait. En post-partum, l'allaitement (ou le non-allaitement) va aussi avoir un impact sur l'état de la poitrine. Peut-être va-t-elle perdre en fermeté et en soutien. Des vergetures peuvent aussi faire leur apparition. N'hésite pas à hydrater toute cette zone avec de la crème. La gamme Baûbo® en propose une spécialement destinée à la poitrine.

Ma poitrine a vraiment souffert… Avant ma grossesse, j'avais une petite poitrine bien soutenue et ferme. Et en fin de grossesse, de nombreuses vergetures sont apparues… J'appliquais la crème contre les vergetures prescrite par mon gynécologue absolument partout SAUF sur les seins et ça n'a pas manqué… En post-accouchement, ils se sont davantage affaissés. Petit conseil : continue de prendre les compléments/vitamines de grossesse même après ton accouchement. Cela permettra de minimiser la perte de cheveux et la fatigue.

Justine

6. Ta peau se transforme

Ce sont les bouleversements hormonaux qui se produisent après l'accouchement qui sont responsables des changements que subit ta peau. **Il faut compter entre 3 à 6 mois post-partum avant que celle-ci retrouve son aspect normal.** Tu peux voir de l'acné apparaître, car l'accouchement génère une chute du taux d'œstrogène et stimule les glandes sébacées qui produisent alors plus de sébum, provoquant donc l'apparition de boutons. De plus, cette fluctuation des hormones peut rendre ta peau plus sensible et sujette à la sécheresse. Mais rassure-toi, tout cela devrait disparaître après 3 ou 4 mois. Pour traiter cela, demande conseil à ton pharmacien afin qu'il te propose des produits compatibles avec l'allaitement par exemple[8].

7. Tes cheveux tombent par poignées

C'est l'une des choses dont tu as sûrement déjà entendu parler. **Pendant la grossesse, les hormones favorisent la bonne santé des cheveux, des ongles et de la peau.** Mais une fois l'enfant né, l'effet s'estompe progressivement, en même temps que les hormones. Les cheveux commencent généralement à tomber 4 mois après. Mais même si les quantités se font parfois impressionnantes, il n'y a aucune inquiétude à avoir. Tu es juste en train de perdre les cheveux que tu n'as pas perdus pendant 9 mois, grâce aux hormones de grossesse. Sache aussi que c'est une chute dite « réactionnelle » et donc qui ne va pas durer normalement.

PUBLICATION PARTAGÉE LE 16 JANVIER 2022
PAR LEPOSTPARTUM

8 www.bepanthengamme.fr/futures-mamans/votre-corps-post-bebe/redonnez-de-leclat-a-votre-peau

N'hésite pas à prendre des compléments alimentaires à base de levure de bière, qui ont des effets bénéfiques sur la fortification des cheveux.

Ton corps a été grandement sollicité pendant 9 mois, au cours de l'accouchement, et encore maintenant en post-partum. Alors relâche la pression, et sois bienveillante avec toi-même. Chaque chose en son temps. Pense à ta rééducation du périnée **(voir p. 33)** avant de vouloir faire du sport, pense à t'alimenter convenablement pour subvenir à tes besoins, importants après la naissance, avant de commencer à te priver pour essayer de retrouver la ligne. Bref, prends les choses comment elles viennent, et garde en tête que toutes les mamans passent par-là !

Pour aller plus loin

Voici trois super comptes de mamans qui valorisent le corps post-partum : @juliettekatz, @ely_killeuse et @josepha_raphard

JULIETTEKATZ

ELY_KILLEUSE

JOSEPHA_RAPHARD

La fatigue

La fatigue après l'accouchement représente **l'un des aspects les plus difficiles à vivre de la maternité.** Le fait que ce soit un phénomène bien connu ne signifie pas que l'on soit réellement prête à le vivre. La fatigue fragilise énormément, notamment lorsqu'elle est associée aux autres chamboulements que cette période apporte. Elle peut mener à des situations d'épuisement extrême, qui se traduisent par la sensation d'être vulnérable, irritable, et parfois entraîner des crises de pleurs.

La grande majorité des mères est touchée par un éreintement intense à un moment ou à un autre, alors ne sois pas trop sévère avec toi-même. Les débuts de la maternité sont naturellement épuisants. Un nourrisson demande une attention constante, de jour comme de nuit, à un point tel que l'on a tendance à se faire passer au second plan, et à délaisser ses propres besoins. **Confie-toi à tes proches lorsque tu sens que la fatigue devient trop importante et que tu as besoin d'aide.** Cela ne fait pas de toi une mauvaise mère ! Et si tu sens que l'épuisement s'installe, il est grand temps d'en parler à ta sage-femme ou ton médecin.

J'ai été fatiguée dès le premier jour suivant mon accouchement car j'avais déjà une nuit de retard : ma période de travail a commencé à 20 h et j'ai accouché le lendemain à 7 h. Par la suite, je n'ai pas réussi à récupérer correctement et les mauvaises nuits, rythmées par de multiples réveils, couplées à l'hypervigilance maternelle qui m'empêchait de fermer l'œil, ont aggravé la situation. Ce fut très compliqué à vivre, les journées ont été difficiles à affronter. Le manque de sommeil est d'ailleurs l'un des principaux facteurs de la dépression…

Justine

VOUS AVEZ DIT « FATIGUÉE » ?

Si tu te sens fatiguée après la naissance de ton bébé, voici quelques astuces pour te soulager :

- Confie-toi à tes proches et demande-leur de prendre le relais.

- Prends du temps pour toi et accorde-toi des moments de repos si tu en as la possibilité.

- Organise-toi avec le co-parent pour que chacun puisse prendre sa part auprès de Bébé.

- N'hésite pas à en parler à un professionnel de santé si tu en ressens le besoin.

Les manifestations psychiques

On néglige bien trop souvent la santé mentale des jeunes mères, alors que celle-ci est mise à rude épreuve. La maternité entraîne de nombreux changements sur le plan psychique, et un chamboulement immense d'un point de vue identitaire. Il est important de prendre enfin en considération ces bouleversements et de les rendre visibles afin de déculpabiliser les mères, et surtout de les accompagner sur le long terme.

Pas facile de devenir maman...

La chute d'hormones

Le baby blues

L'hypervigilance maternelle

La matrescence

« La matrescence, c'est la naissance d'une mère. Toutes les nouvelles mamans passent par là. Et le savoir peut déjà aider, soulager et déculpabiliser ! »

La chute d'hormones

Quatre hormones subissent une baisse brutale en post-partum : **l'œstrogène, la progestérone, l'ocytocine et la prolactine**.

Les œstrogènes et la progestérone sont les deux hormones dites « féminines », qui servent à faire fonctionner le cycle féminin. Pendant la grossesse, le placenta assure également la production de ces dernières, qui augmentent de façon considérable, atteignant un taux 100 fois plus élevé que leur seuil normal. À l'accouchement et pendant la période qui suit, elles diminuent soudainement, ce qui entraîne des répercussions négatives sur l'humeur, et place la jeune maman dans une position de fragilité psychique et émotionnelle. **C'est ce qui est appelé communément le « baby blues ».**

J'ai subi la chute d'hormones de plein fouet, sans comprendre ce qui m'arrivait. Lors de mon accouchement, je n'avais aucune idée de tout ce qui allait se passer en post-partum. J'avais l'impression de ne plus savoir qui j'étais, j'étais triste et pleine de questionnements. Pas facile à gérer, cette chute d'hormones !

Justine

Quand on est enceinte, **l'ocytocine** joue un rôle fondamental, car elle assure la tonicité de l'utérus et induit le déclenchement des contractions nécessaires à l'accouchement, en atteignant son pic à ce moment-là. Appelée aussi « hormone de l'amour », elle favorise ensuite la création des liens qui se tissent entre la mère et son bébé et participe au plaisir ressenti quand ils sont ensemble.

La prolactine permet quant à elle la fabrication du lait maternel. Pendant la grossesse, c'est principalement l'hormone lactogène placentaire qui est sécrétée et contribue à la croissance du sein, de l'aréole et de la glande mammaire. Elle chute brutalement à la naissance et libère l'action de la prolactine. Chez la femme qui allaite, plus le bébé tète, plus le sein se vide, et plus il va produire du lait. C'est ce qu'on appelle la régulation autocrine. Chez la femme qui n'allaite pas, le taux de prolactine redescend à son niveau de base – d'avant la grossesse – en à peu près 2 semaines.

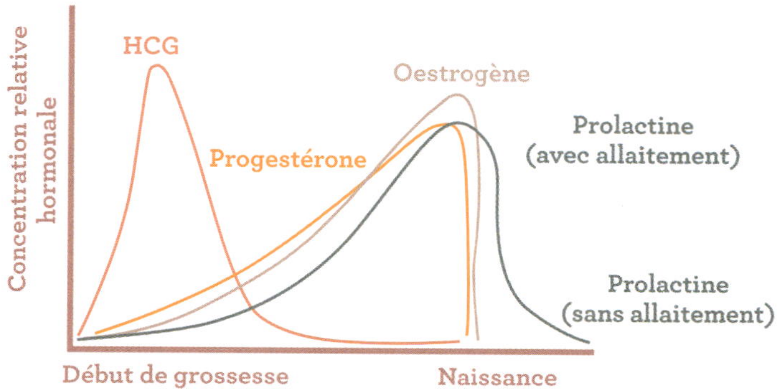

Tout ce cocktail explosif d'hormones peut provoquer un grand bouleversement psychologique chez la jeune maman.

Découvrir son rôle de mère et son bébé, tout en étant en proie à une forte fatigue, donne alors lieu à des moments de doute.

Le baby blues

Le baby blues, aussi appelé « syndrome du troisième jour », apparaît **dans les premiers jours qui suivent l'accouchement.** Il se caractérise par un afflux d'émotions peu faciles à vivre, comme l'irritabilité, l'anxiété, une forme de vulnérabilité et/ou des sautes d'humeur. Il s'agit d'une réaction transitoire qui s'explique par des changements physiologiques (la fameuse chute d'hormones), associés à une augmentation du stress et un manque de sommeil.

Le baby blues touche environ de 50 à 80 % des jeunes mamans selon les études. Généralement passager, il dure de quelques heures à 15 jours. Dans la plupart des cas, les symptômes s'estompent d'eux-mêmes sans intervention extérieure. Mais si ceux-ci se manifestent toujours au-delà des 15 jours, il faut s'en inquiéter : une dépression post-partum pointe peut-être à l'horizon.

LE BABY BLUES EN CHIFFRES

50 à 80 %

des jeunes mères sont touchées par le baby blues et en ressentent les symptômes selon différentes études[1].

15 jours

Le baby blues ne doit pas dépasser cette période. Si les symptômes persistent, il peut alors s'agit d'une dépression du post-partum et je te recommande grandement de t'adresser à un professionnel de santé pour t'accompagner[2].

2 à 6 jours

C'est la durée moyenne sur laquelle s'étale le baby blues.

1. https://www.ameli.fr/assure/sante/themes/grossesse-sante-psychique/baby-blues-depression-post-partum-grossesse

2. Idem

L'hypervigilance maternelle

L'hypervigilance maternelle m'a tuée à petit feu, et cela a commencé dès le jour de la naissance de ma fille. Cela s'est manifesté par des nuits sans sommeil de peur qu'il lui arrive quelque chose. J'avais l'impression d'entendre ses pleurs constamment, même lorsque je n'étais pas près d'elle. À la suite de tout cela, je me suis épuisée et c'est rapidement devenu ingérable. Heureusement, le suivi psychologique m'a bien aidée à surmonter cette situation.

Justine

L'hypervigilance se caractérise par une **forme exacerbée de sensibilité couplée à des comportements exagérés en réaction à des stimuli, dans le but de déceler une menace[1].** Elle est souvent accompagnée d'anxiété, d'angoisses, voire de paranoïa, et risque de mener à un épuisement physique et mental. La mère peut aller jusqu'à éprouver l'impression de sombrer dans la folie. Un accouchement difficile, accompagné de séquelles physiques et mentales, constitue parfois un facteur déclencheur, tout comme le bouleversement émotionnel qu'apporte l'entrée dans le monde de la maternité.

Concrètement, cet état conduit à surveiller son bébé en permanence quitte à ne plus se nourrir ni dormir, de peur qu'il lui arrive quelque chose. La nuit, on guette le moindre bruit – pleurs, frottement de draps –, et on angoisse en y étant confrontée. C'est ne plus pouvoir arriver à déglutir pour manger ou boire, au moindre pleurs de son bébé de peur de ne pas arriver à le consoler. **Être en hypervigilance maternelle, c'est comme être en mode survie.**

Il faut interpréter cela comme un signal d'alarme, prendre les choses en main et se faire aider : l'hypervigilance est le symptôme d'un mal-être plus profond.

PUBLICATION PARTAGÉE LE 4 FÉVRIER 2022
PAR LEPOSTPARTUM

1 www.maman-blues.fr/effondrement-maternel/

La matrescence

Le terme *matrescence* résulte de la contraction des mots « maternité » et « adolescence », afin de souligner les tumultes émotionnels provoqués par le changement identitaire qu'une femme rencontre en devenant mère. Cette période fait en effet écho aux sentiments houleux qu'on expérimente lors de l'adolescence.

Le mot a été créé par Dana Louise Raphael, anthropologue américaine, dans les années 1970, puis remis au goût du jour par Alexandra Sacks, psychologue. Un département entier d'études fut même créé sur le sujet à l'université de Columbia à New York ! Chez nous, en France, Clémentine Sarlat y consacre un super podcast (voir p. 140).

Pour ma part, la période de la matrescence fut très longue et tumultueuse. J'ai dû complètement déconstruire qui j'étais pour apprendre à me reconstruire en y incluant mon nouveau rôle de mère. S'est ajouté à cela le temps d'adaptation à ce nouveau « moi », et celui de trouver un équilibre satisfaisant. Cela a pris 2 ans et demi !

Justine

Pendant cette période de tourmente, **il n'est pas rare d'être habitée par des sentiments très contradictoires, comme vouloir s'occuper de son bébé et avoir envie de prendre soin de lui d'un côté (merci à la fameuse ocytocine), et d'un autre côté, souhaiter retrouver sa vie d'avant, penser à soi et à ses besoins.** Évidemment, cette transformation que vit la femme vers la maternité est propre à chacune, en fonction de qui elle est, de son tempérament, de son éducation, de son environnement et de son histoire. Toutes les nouvelles mamans passent par là. Et le savoir peut déjà aider, soulager et déculpabiliser !

Pour aller plus loin

Je t'invite à aller voir le compte Instagram de Clémentine @lamatrescence

LAMATRESCENCE

« La matrescence c'est la contraction des mots "maternité" et "adolescence" pour expliquer la naissance d'une mère. »

Clémentine Sarlat

Quand il faut vraiment s'inquiéter...

La dépression post-partum

Les phobies d'impulsion

Le burn-out maternel

L'état de stress post-traumatique

Les crises d'angoisse/de panique

La psychose puerpérale confuso-délirante

La dépression post-partum

Cette forme de dépression est susceptible d'éclater à tout moment pendant l'année suivant la naissance du bébé, et touche **15 à 20 % des mères.** C'est pour cela qu'il est très important de la prendre au sérieux et de bien la différencier du baby blues, qui, lui, dure au maximum 15 jours.

Tu ne dois surtout pas hésiter à demander de l'aide. Pour cela, tu peux te tourner vers ton médecin traitant si tu te sens en confiance avec lui, mais aussi vers ta sage-femme ou ton gynécologue. Tu peux contacter un(e) psychologue ou psychiatre *via* @association.maman.blues **(voir p. 132)**, qui te mettra en lien avec un professionnel adapté en fonction de ton lieu de vie.

J'ai été touchée par la dépression post-partum pendant 2 ans à la suite de la naissance de ma fille. J'ai mis du temps à comprendre ce qu'il m'arrivait, à cause du manque d'accompagnement et d'informations sur cette période. Je me suis longtemps sentie seule et incomprise, à tel point que je pensais ne jamais m'en sortir. Heureusement, grâce à un antidépresseur et à un suivi psychologique, j'ai réussi à guérir et je vis désormais les meilleurs moments de ma vie avec ma fille.

Justine

Bon à savoir

Des numéros d'urgence sont également disponibles : Allo Parents Bébé : 0 800 00 3456, et SOS Parentalité : 09 74 76 39 63. N'hésite pas à consulter la partie « Où et à qui demander de l'aide ? » (voir p. 128), si tu veux plus de renseignements.

Pour aller plus loin

Je t'invite à remplir le questionnaire « Échelle de la dépression postnatale d'Édimbourg » pour connaître ton score[1]

2. https://www.esantementale.ca/index.php?m=survey&ID=46

SYMPTÔMES DE LA DEPRESSION POST-PARTUM

Les symptômes possibles de la **dépression post-partum** sont nombreux :

- tu ressens une profonde tristesse sans raison apparente ;
- tu pleures fréquemment, plus ou moins de façon inexpliquée ;
- tu te sens épuisée physiquement et mentalement ;
- tu as des troubles du sommeil (tu dors trop ou pas assez) ;

- tu éprouves un sentiment de culpabilité et/ou de dévalorisation concernant ton rôle de mère ;

- tu t'estimes incapable de t'occuper de ton bébé et/ou tu ne prends pas de plaisir à le faire ;

- tu manifestes beaucoup d'anxiété ;

- tu te désintéresses des choses que tu aimais faire avant ;

- tu perds l'appétit ;

- tu as le sentiment que les choses ne s'amélioreront jamais ;

- tu ressens de la solitude et tu t'isoles ;

- tu as des pensées suicidaires en te disant que c'est la seule façon d'aller mieux ;

- tu as l'impression d'être incomprise ;

- tu as du mal à créer un lien avec ton bébé.

Attention

Si tu penses être touchée par au moins quatre des symptômes cités ci-dessus et que ceux-ci persistent depuis plus de 15 jours, tu fais peut-être une dépression post-partum. Je t'invite à consulter rapidement un professionnel de santé.

Les phobies d'impulsion

> **J'ai eu des phobies d'impulsion[2], surtout lorsque je sortais de chez moi avec ma fille. J'imaginais et je voyais le pire : qu'une voiture allait renverser la poussette avec ma fille à l'intérieur par exemple…**
>
> **Justine**

En post-partum, la phobie d'impulsion est une crainte obsédante de se voir commettre un acte agressif, violent ou moralement interdit sur son bébé. **Entre 32 et 46 % des jeunes mères[3] sont touchées par ces pensées intrusives.** Cela résulte en fait d'une peur permanente de « mal agir » envers son tout-petit. On redoute tellement de lui faire du mal que le cerveau renvoie l'image comme un effet « boomerang » et on se voit blesser ou brusquer son bébé. C'est quelque chose de très violent et difficile à vivre pour les jeunes parents. Il faut impérativement te tourner vers un professionnel de santé, car la psychothérapie est l'une des solutions. Et malheureusement, plus tu essaieras par toi-même de chasser ces pensées, plus elles vont ressurgir. Donc ne te laisse pas envahir et fais-toi aider !

PUBLICATION PARTAGÉE LE 20 MARS 2021
PAR LEPOSTPARTUM

3 Post-partum et phobies d'impulsion – La chronique de Baptiste Beaulieu, médecin généraliste @baptistebeaulieu sur Instagram

Le burn-out maternel

Le burn-out maternel est un état d'épuisement physique et mental intense lié au rôle parental. J'insiste vraiment sur la notion de manque d'énergie, car c'est l'un des principaux symptômes.

Attention

Si ce problème est encore peu mis en avant, il concernerait pourtant de nombreux parents : 5 % d'entre eux souffrent de burn-out parental et 8 % représentent des sujets à risques élevés, susceptibles d'être touchés[4].

Très insidieux, le burn-out maternel s'installe progressivement, en plusieurs étapes : d'abord, **l'épuisement émotionnel**. Cela se traduit par une baisse d'énergie considérable, liée à toute la charge mentale déployée. C'est comme si nos batteries internes étaient à plat, sans aucune ressource pour les recharger. Concrètement, on se sent fondamentalement irritable et éreintée. Le simple fait de se lever le matin en pensant à la journée qu'on doit « affronter » épuise moralement. Ensuite entre en jeu **la phase dite de « détachement »** : on a l'impression de faire les choses de façon mécanique, comme un robot. Plus rien n'atteint réellement, on a la sensation d'être anesthésiée émotionnellement. C'est en réalité un mécanisme de défense, qui permet d'arrêter de se sentir submergée et d'essayer de retarder le moment où l'on va craquer. En dernier arrive **la phase de « reniement »**. On prend alors conscience de la réalité dans

4 www.psy-enfant.fr/burn-out-maternel-definition-test/#Burn-out_parental_et_pression_sociale

laquelle on se trouve. On perçoit peut-être que l'idéal qu'on se faisait de la maternité n'est pas ce que l'on vit, et on ressent cela comme un échec. Les symptômes qui en découlent sont souvent une perte de confiance en soi, de la colère, et comme l'envie de partir loin, de tout laisser tomber.

Évidemment, le mieux est de ne jamais arriver à ce dernier stade, et de s'alerter dès le début des symptômes.

N'hésite surtout pas à consulter un professionnel de santé pour lui faire part de tes difficultés. Ne reste pas seule !

Pour aller plus loin

Pour savoir si tu es concernée par le burn-out maternel (ou parental), tu peux faire le test ici.

L'état de stress post-traumatique

Le syndrome de stress post-traumatique englobe un **ensemble de symptômes dits anxieux, qui se développent lorsqu'une personne a été exposée à un événement traumatisant** générateur d'une détresse importante et soudaine. La phase post-choc, appelée « phase aiguë », dure habituellement moins de 1 mois. Mais si elle persiste au-delà, elle se transforme alors en syndrome de stress post-traumatique.

Quel est le lien avec le post-partum ?

J'évoque cette question car beaucoup de mères sont en état de stress post-traumatique, mais elles l'ignorent. En effet, **environ 20 à 30 % de femmes évoquent leur accouchement comme une expérience traumatique**. Et l'ESPT concernerait 3 % des femmes dans leur maternité.

Car oui, parfois, la mise au monde ne se déroule pas comme on l'avait imaginée : le bébé est en souffrance, la délivrance se fait difficilement, des instruments sont utilisés, il y a du sang, les plaies post-accouchement sont douloureuses, certaines femmes doivent même être séparées de leur nouveau-né… Or, toute situation ayant heurté fortement notre psychisme et nos émotions peut devenir une source de grande souffrance. Et on revit alors cet accouchement quasiment toutes les nuits, *via* des flash-backs ou dans des rêves. En journée, on vit comme déconnectée de son environnement, détachée émotionnellement, ou on a l'impression d'évoluer dans le brouillard.

D'autres symptômes s'ajoutent généralement : troubles du sommeil, irritabilité, détresse ou difficultés à se concentrer. **Mais le principal d'entre eux reste le trouble anxieux, qui se manifeste par des crises d'angoisse/attaques de panique.** Parfois, les sensations physiques ressenties au moment du traumatisme resurgissent à l'improviste. Aussi les symptômes s'accompagnent-ils d'une tendance à fuir tout ce qui pourrait rappeler les événements. Cette attitude d'évitement peut même aboutir à l'amnésie partielle ou totale de ce qui s'est passé.

Beaucoup de mamans me rapportent ce type de symptômes tout en me racontant un accouchement perçu comme traumatisant. **Il est capital de prendre rapidement en charge ce syndrome de stress post-traumatique, car dans 3,6 % à 6,3 % des cas[5], il déclenchera une dépression post-partum.**

5 État de stress post-traumatique (ESPT) suite à l'accouchement : nouvelles recherches et évaluation de la prise en charge avec la psychothérapie EMDR (Eye Movement Desensitization and Reprocessing), Université de Lorraine, thèse en psychologi, 2013e.

Les crises d'angoisse/de panique

Une attaque de panique/crise d'angoisse se définit comme un épisode de peur soudaine et intense qui dure de quelques minutes à 1 heure. Le corps, mis trop longtemps sous pression, relâche tout d'un seul coup. On a l'impression de ne plus du tout maîtriser la situation, et même de devenir folle ou de mourir.

Les symptômes sont les suivants :

- des vertiges, des étourdissements ou l'impression d'être sur le point de s'évanouir ;
- une sensation de dérobement des jambes (impression qu'elles vont « lâcher » et que l'on va tomber) ;
- des nausées et/ou des troubles digestifs (ex. : diarrhée) ;
- des douleurs ou une gêne thoracique, associée(s) à une sensation de souffle coupé, d'essoufflement ou de manque d'air ;
- des palpitations cardiaques ;
- des frissons ou des bouffées de chaleur, voire des sueurs abondantes ;
- des tremblements ou des secousses musculaires, des engourdissements, des picotements ou fourmillements.

Personnellement, j'ai vécu énormément de crises d'angoisse. J'étais tellement stressée par tous ces changements et je me sentais si peu à la hauteur que l'angoisse montait et mon corps l'extériorisait en crises de panique. Ces dernières ont rythmé ma vie durant la première année de ma fille. J'imaginais constamment des scénarios catastrophes dans ma tête, je sentais ma respiration s'accélérer et mes membres commençaient à trembler... Cela m'a véritablement gâché la vie, et le moindre changement dans les habitudes de ma fille en déclenchait.

Justine

Et en post-partum ?

Cet état peut survenir durant le post-partum. En effet, tu es confrontée à beaucoup de choses intenses avec un nouveau petit bébé dont tu dois t'occuper. Tu peux douter, stresser aussi ou te mettre la pression concernant ton rôle de mère, et parfois tu craques et c'est là que la crise d'angoisse débarque.

Il faut penser à consulter un professionnel de santé si cela devient trop envahissant pour toi et que ton mental en est impacté. Essaye alors de travailler sur la cause. En attendant, de petites astuces peuvent te sauver la mise : je te conseille le spray Fleurs de Bach de chez Rescue©, qui fait des merveilles en cas de crise. Ou encore l'huile de CBD.

La psychose puerpérale confuso-délirante

La psychose puerpérale (du latin : *puer*, « l'enfant », et *parere*, « enfanter ») est un trouble psychiatrique grave, qui survient le plus souvent dans la semaine qui suit l'accouchement[6]. Il se caractérise par un état de confusion et de délire susceptible de mettre en danger la mère, mais aussi son enfant. **1 femme sur 1 000 serait concernée,** et cela touche majoritairement celles qui donnent naissance à leur premier enfant. Les 3 principaux symptômes sont :

- une fatigue intense (insomnie et cauchemars) ;
- une confusion mentale (désorientation, perte de mémoire, comportements inadaptés) ;
- le délire (troubles de la perception sensorielle, hallucinations visuelles et auditives en lien avec la maternité).

Il existe plusieurs facteurs de risque et causes qui favorisent le déclanchement de la psychose puerpérale[7] :

- une forte sensibilité aux modifications hormonales ;
- la primiparité (première grossesse) dans 70 % des cas ;
- des troubles antérieurs de la personnalité ;
- des antécédents psychiatriques personnels ou familiaux ;
- des conflits relationnels mère-fille ;
- une personnalité immature (ou une parentalité pendant l'adolescence par exemple) ;

6 www.th-roussel.fr/motsCles/psychose-puerperale/

7 www.grossesse.ooreka.fr/astuce/voir/586417/psychose-puerperale

- une grossesse non préparée ou non désirée ;
- un accouchement difficile (ou une naissance prématurée) ;
- la solitude et l'éloignement familial ;
- des psychotraumatismes dans l'enfance (violences physiques ou sexuelles par exemple).

Généralement, ce type de problématique nécessite une prise en charge médicale assez rapide, voire une hospitalisation. Il est donc essentiel de consulter un professionnel de santé sans attendre afin de poser un diagnostic et ainsi pouvoir être traitée rapidement.

2

L'accompagnement en post-partum

Préparer son post-partum

Le projet de naissance

Le projet de naissance constitue quelque chose de **primordial**. Il s'agit d'un texte dans lequel les parents décrivent leurs souhaits concernant la naissance de leur bébé.

Ce document sera joint à ton dossier maternité, qui sera consulté et pris en compte par l'équipe médicale. Tu peux y donner des informations sur tes désirs pour l'accouchement (avec ou sans péridurale, physiologique ou non, en salle nature, etc.), sur la place du co-parent (va-t-il couper le cordon, par exemple) et sur d'autres points, comme la tétée de bienvenue.

Le projet de naissance offre donc l'occasion de définir à l'avance auprès du personnel médical un cadre à respecter, dans la mesure du possible et du réalisable, pour ton accouchement. Tu peux le transmettre à la sage-femme, ou lors d'un rendez-vous à la maternité, pour qu'il soit bien inclus dans ton dossier.

Le projet de naissance est important, car il permet de prendre conscience que tu es actrice de ton accouchement. C'est-à-dire que tu dois être informée de ce qui se passe pendant toute sa durée, et le personnel médical doit toujours rechercher ton consentement. Tu es en droit de refuser quelque chose, **MAIS** le corps médical se garde bien sûr celui de pratiquer un acte qu'il juge indispensable pour ta vie ou celle de ton bébé.

Tu ne dois pas hésiter à rappeler tes souhaits par oral le moment venu. Ne subis pas ton accouchement, sois-en actrice.

« Personnellement, je n'étais pas au courant qu'il était possible de faire un projet de naissance. Je n'ai donc pas eu la possibilité d'en préparer un, malheureusement... »

« Tu ne dois pas hésiter à rappeler tes souhaits par oral le moment venu. Ne subis pas ton accouchement, sois-en actrice ! »

LE PROJET DE NAISSANCE

Pour t'aider au mieux à réfléchir et rédiger ton projet de naissance si tu souhaites en faire un, voici quelques suggestions de questions que tu peux te poser :

Le travail

- Souhaites-tu qu'une personne soit à tes côtés durant l'accouchement ?
- As-tu des directives concernant l'ambiance ? (calme, lumière tamisée, musique, etc.)
- Souhaites-tu une péridurale ?
- Comment souhaites-tu gérer la douleur ? (massages, acupuncture, ballon, marche, etc.) ?

L'accouchement

- Dans quelle position veux-tu accoucher ?
- Es-tu d'accord pour avoir une épisiotomie si nécessaire ?
- Veux-tu toucher la tête du bébé pendant les poussées ?

L'accueil de ton bébé

- Souhaites-tu que le cordon soit coupé par le personnel soignant, par toi ou le co-parent ?
- Souhaites-tu faire du peau à peau ?
- Veux-tu allaiter ou donner le biberon ?

S'équiper astucieux

Pour la maman

On pense souvent, lors de l'arrivée d'un enfant, à s'équiper uniquement pour lui, via une liste de naissance par exemple (et il faut bien sûr le faire, oui). Mais il n'y a pas que cela : **toi aussi, maman, tu vas avoir besoin de beaucoup de choses pour mieux appréhender la période post-partum.**

Déjà, pour ton séjour à la maternité, il existe des objets dont on ne te parlera pas forcément, alors qu'ils sont indispensables. Il ne s'agit pas ici de te décrire exactement ce qu'il faut que tu mettes dans ta valise pour ton séjour. Sur ce point, ta sage-femme (ou la maternité) te donnera une liste assez complète. De mon côté, je vais te parler de quelques petites choses en plus, que j'aurais vraiment aimé connaître à l'avance.

DANS MA VALISE

Une « box post-partum[1] »

Ces boîtes, que tu peux découvrir chez gineta.mama© ou laboxdes-mamans© (il existe beaucoup d'autres marques), contiennent de vraies petites merveilles. Par exemple, tu vas y trouver un flacon vaporisateur pour rincer tes parties intimes facilement et en douceur – mais aussi un savon neutre adapté à ton intimité, des serviettes et culottes hygiéniques bio, un baume à lèvres… Tout pour prendre soin de toi après ton accouchement.

Des vêtements spéciaux pour le 4e trimestre

Il y en a encore peu, contrairement à ceux proposés pour la grossesse, mais il y en a. La marque Elia Lingerie©[2], par exemple, propose des culottes menstruelles adaptées aux cicatrices de césarienne, ou même des culottes type « cyclistes », qui s'ajustent parfaitement en cas d'épisiotomie. Personnellement, j'ai longtemps continué à porter mes leggings de grossesse… Clairement, il faut privilégier le confort pendant cette période-là !

D'ailleurs, sur ce point, si tu es une maman qui allaite, une marque de vêtements d'allaitement te permettra de t'habiller stylé et pratique. Il s'agit de Tajinebanane©[3], qui t'accompagnera au fil des saisons, avec des tenues que tu pourras continuer d'utiliser par la suite. Il s'agit

1 www.gineta.co/

2 www.elia-lingerie.com/products/cycliste-boxer-menstruel-louison-culotte-de-regles

3 www.tajinebanane.fr/collections/vetements-maternite

d'une marque parmi d'autres, car il commence à en exister de plus en plus. Je pense que tu trouveras facilement ton bonheur de ce côté-là !

Un coussin type bouée

Celui-ci deviendra peut-être ton meilleur ami. La partie trouée évite en effet d'appuyer sur les parties intimes en position assise. Or, il se peut qu'après avoir accouché, tu éprouves des difficultés à t'asseoir normalement. Tu en trouveras facilement sur Internet ou en pharmacie, à des prix tout à fait abordables. Tu peux aussi, tout simplement, utiliser un coussin d'allaitement en guise de renfort pour t'asseoir.

Les compléments alimentaires post-accouchement

C'est bien beau en effet de prendre des compléments durant la grossesse, mais bizarrement, il n'y a plus rien en post-accouchement ! Pourtant, tu as autant (voire plus encore) besoin d'énergie pour te remettre et t'occuper de toi et de ton bébé. De plus en plus de marques vendent des compléments post-partum. Toutefois, si tu souhaites en prendre, et même s'il te reste des compléments que tu as pris pendant la grossesse, il vaut mieux demander un avis médical.

Le spray de Rescue© Fleurs de Bach, concentré de sérénité

Tous les chamboulements qu'englobe une naissance peuvent apporter leur lot de stress, jusqu'à connaître des moments de panique. Ce petit spray va t'accompagner partout pour te soulager si tu es en proie à ces derniers. Composé d'un mélange de cinq fleurs apaisantes, il s'utilise en 2 pulvérisations dans la bouche en cas de besoin, et ce jusqu'à 6 fois par jour.

Crèmes et soins du corps

Il existe aussi des soins spécifiques pour ce moment de ta vie. Pour ton intimité par exemple, la marque Baûbo©[4] a créé un baume réparateur et apaisant, le baume « soin vulve ». Il soulagera les inconforts liés à l'accouchement (gêne urinaire, irritation, sécheresse, etc.) et deviendra un allié à vie, car il a beaucoup d'autres utilités (pour les rapports sexuels ou les irritations dues aux vêtements, etc.). Omum© est aussi une marque de soins destinée à la maternité. Elle décline des crèmes, des gels lavants et même des gélules, qui respectent le corps des jeunes mamans.

Je n'ai moi-même (malheureusement) pas pu avoir connaissance à temps de l'existence de la plupart de ces produits… J'espère donc que tous ceux-ci pourront t'aider, et que tu feras de belles découvertes !

4 www.baubo.fr/collections/le-shop

L'ALIMENTATION EN POST-PARTUM

Il est important de bien te nourrir pendant ton 4e trimestre, notamment si tu allaites. Il est préconisé de manger chaud, car c'est plus digeste. De plus, cela t'apportera du réconfort ! Il existe de nombreuses recettes dans le livre *Le Mois d'or*[5], qui suggère des plats réconfortants et nourrissants. La marque Jollymama©[6] propose aussi des encas post-partum et spécifiques pour les femmes qui allaitent, qui t'apporteront exactement ce dont tu as besoin.

Pendant la grossesse, le bébé a pris beaucoup de place dans notre corps et nos organes digestifs se sont déplacés pour lui laisser le plus d'espace possible, quitte à se retrouver un peu à l'étroit. Après l'accouchement, ces organes reprennent lentement leur emplacement d'origine et il faut un peu de temps pour que le transit redevienne normal. L'alimentation joue alors un rôle majeur.

Ce qu'il faut privilégier

- Les aliments riches en protéines, vitamines et minéraux.
- Les protéines, qui soutiennent muscles et tissus.
- Les glucides pour faire le plein d'énergie (pâtes complètes, quinoa, légumineuses par exemple…).

5 *Le Mois d'or : prendre soin de soi et de son bébé après l'accouchement,* de Céline Chadelat et Marie Mahé-Poulin, Marabout, 2021.

6 https://jollymama.com/collections/tous-nos-produits

Les oméga-3, nécessaires pour lutter contre la fatigue et maintenir une bonne fonction cérébrale (poissons gras comme le saumon, la sardine et la morue, mais aussi noix de cajou, graines de chia…).

Le calcium, car si tu allaites, l'organisme continue de puiser du calcium dans tes os pour le transmettre au lait maternel (produits laitiers à faible teneur en matières grasses, petits poissons – sardines –, légumineuses…).

Le fer, car tu as perdu du sang en accouchant, et cela va continuer avec les lochies pendant au moins 1 mois (lentilles, crevettes, bœuf…). Pendant le post-partum, l'OMS recommande une supplémentation en fer, soit seul, soit associé à de la vitamine B9, car cela est susceptible de réduire le risque d'anémie en améliorant ton bilan en fer.

La vitamine C pour favoriser une bonne immunité et réduire la fatigue. Elle aide également à la cicatrisation des plaies (fruits tels que l'acérola, la goyave, l'orange…, et légumes).

Les fibres : la constipation, fréquente pendant la grossesse, perdure durant le post-partum. Pour l'éviter, et donc réduire le risque d'hémorroïdes, il est très important de manger des fibres (fruits rouges, pruneaux, avocat…).

Les aliments faciles à digérer : la digestion oblige le corps à dépenser beaucoup d'énergie. Cependant, après avoir accouché, il a surtout besoin de récupérer. Il est donc préférable d'éviter au maximum les aliments indigestes et de manger autant que possible des plats liquides ou fondus (soupes, currys…).

Une alimentation légère : durant le post-partum, il est recommandé de privilégier une alimentation épicée mais légère pour avoir une bonne digestion (curcuma, gingembre, cannelle…).

Les aliments riches en bonnes graisses : la digestion est facilitée lorsque les aliments sont riches en bonnes graisses car celles-ci stabilisent l'énergie du corps. Elles aident à contrôler les fluctuations hormonales et favorisent le développement du cerveau, des os et des muscles. Elles stimulent également la sécrétion d'ocytocine et augmentent le bien-être maternel.

- **Les compléments alimentaires** : je te conseille vivement la marque Innonature®, qui propose des produits de qualité très bien absorbés par l'organisme !
- **Manger chaud** : la chaleur permet à ton corps de se régénérer, de récupérer en douceur et de se détendre. Il faut donc privilégier les plats chauds, quelle que soit la saison ! De plus, la chaleur active et facilite la digestion et aide également à éliminer les toxines.
- **Boire de l'eau** : cela peut paraître évident, mais il est important de rappeler que notre corps est fait à 70 % d'eau. Il est donc nécessaire de boire au moins 2 l d'eau par jour en post-partum, surtout après la grande énergie qu'a demandé l'accouchement et lorsque l'on allaite. Cela te permettra de récupérer correctement et aidera grandement si tu as des problèmes de constipation.

Les aliments à éviter en post-partum

- **Les aliment crus** comme les salades, les crudités, les boissons froides et les fruits pas assez mûrs. Ils sont très difficiles à digérer après un accouchement.
- **Les produits laitiers**, à réintégrer doucement après 1 ou 2 semaines.
- **Le café et les confiseries** : le sucre raffiné, les biscuits du commerce, les gâteaux… sont à limiter. Tu as envie de chocolat ? Privilégie le cacao cru, le chocolat noir ou la poudre ou les pépites de caroube.

Pour Bébé

Les produits bébé inondent le marché : du babyphone à la balancelle, en passant par le matelas conçu pour vérifier s'il respire (oui, oui), déterminer ce qui est vraiment nécessaire n'est pas si simple. Voici quelques équipements qui, à mes yeux, semblent incontournables.

Un babyphone : je sais que cet avis ne sera pas nécessairement partagé, mais me concernant, il m'a été précieux dans de nombreuses situations. Je faisais de l'hypervigilance maternelle (voir p. 63), ce qui m'a amenée à être constamment au chevet de ma fille – une situation qui devient vite difficile. Le babyphone nous a permis, à mon conjoint et moi, de nous rassurer et de gagner en confiance. Une version avec son suffit amplement !

Des bruits blancs : vraiment, je ne savais pas que les bruits blancs pouvaient autant apaiser un tout-petit, voire le faire s'endormir ! Il s'agit de sons en continu, peu perceptibles, qui rappellent ceux que Bébé entendait in utero. Cela le rassure et il s'apaise plus facilement. On en trouve sur plusieurs applications, mais aussi tout simplement sur YouTube, et il existe même des peluches, comme celles de MyHummy©[7]. Plus saugrenu : certains bruits produits par des appareils, comme l'aspirateur ou même le sèche-cheveux, peuvent eux aussi aider les nouveau-nés à s'endormir (eh non, il ne s'agit pas d'une blague, c'est une astuce testée et approuvée) !

Un lit cododo : les premières semaines de vie de Bébé, ce lit te permet d'être près de lui, ce qui te rassure et lui aussi, tout en t'assurant un minimum de sommeil. Et c'est vraiment le *must* si tu allaites !

7 www.myhummy.fr/bruits-blancs-fr-2/

De plus, sache que l'OMS recommande de partager la chambre de son bébé durant ses 6 premiers mois. J'ai fait du cododo seulement les trois premières semaines, car à cause de mon hypervigilance, je ne dormais plus, j'étais devenue trop sensible aux moindres bruits.

Attention : ici, je parle bien de pratiquer le cododo à l'aide d'un lit cododo spécialement conçu à cet effet (le lit de bébé est placé tout contre le tien et ce en toute sécurité). Cependant, il faut éviter de pratiquer ce que l'on appelle le ***co-spleeping*** (faire dormir Bébé dans le lit parental) durant les 6 premiers mois de vie de Bébé. En effet, celui-ci est si petit qu'il peut y avoir un risque d'étouffement ou de chute, les parents bougeant pendant leur sommeil. Passé 6 mois, il est possible de faire du ***co-sleeping***.

Une couverture d'emmaillotage : je ne l'ai pas utilisée, car ma fille n'en a pas eu besoin, mais elle pourra vraiment être d'un grand secours pour ton bébé si tu le sens agité. L'emmaillotage consiste à envelopper le nourrisson dans une couverture afin de le rassurer, car les nouveau-nés sont généralement assez angoissés par les grands espaces. Ils retrouvent ainsi les sensations qu'ils avaient lorsqu'ils étaient in utero.

De quoi poser bébé – une **balancelle**, un simple **tapis d'éveil**, ou alors ce qu'on appelle un **Doomoo**© : ce dernier est une sorte de pouf adapté au tout-petit et à sa sécurité, tout mou, dans lequel on dépose Bébé, et où il aura tendance à se lover, comme dans un nid (comme dans ton ventre !). Cette invention a vraiment été salutaire dans mon cas, car ma fille s'y sentait rassurée, et elle pouvait donc rester un long moment à l'intérieur de façon apaisée.

Les équipements « classiques »

- **un matelas à langer ;**
- **une baignoire ;**
- **des biberons ;**
- **un égouttoir à biberons ;**
- **des langes ;**
- **quelques sucettes.**

Tu peux demander conseil à ta sage-femme, qui pourra éventuellement te donner une liste d'équipements à acheter pour l'arrivée de bébé. Mais ceux cités juste avant constituent vraiment, pour moi, le nécessaire et en même temps l'indispensable – même si cela varie d'une personne à l'autre, bien évidemment.

Et encore un conseil, n'hésite pas à acheter d'occasion : j'ai vraiment trouvé des merveilles (et encore aujourd'hui) sur Vinted® ou même sur Le Bon Coin®. Que ce soit en termes de meubles bébé, vêtements, ou accessoires, ça vaut vraiment le coup !

Ce qui (à mon sens) ne sert à rien :

Un stérilisateur : c'est vraiment LE truc inutile dans la liste des achats ! Pourquoi ? Tout simplement car, aujourd'hui, on ne stérilise plus les biberons au retour à la maison. Ton bébé vit avec toi et partage les mêmes microbes que toi et votre environnement. Un bon nettoyage à l'aide d'un goupillon et d'un produit adapté sera largement suffisant. Cependant, tu peux être amenée à stériliser les biberons si un avis médical t'a été donné pour une raison bien spécifique.

Un chauffe-biberon : donner les biberons à température ambiante ne pose généralement pas de problème au bébé, et c'est beaucoup plus pratique. Tu peux éventuellement penser à acheter un chauffe-biberon si ton bout de chou préfère le lait plutôt chaud. Mais ne le fais pas en avance, sans savoir : il y a de fortes chances qu'il ne serve à rien !

Une poubelle spéciale couches : franchement, ça coûte cher, et les sacs poubelle de recharge encore plus ! Et puis, entre nous, ce n'est vraiment pas pratique. Une poubelle standard fera très bien l'affaire si tu changes régulièrement le sac. Petite astuce : quelques gouttes d'huile essentielle de lavande au fond de la poubelle, avant de mettre le sac, neutralisent bien les odeurs, et de façon naturelle.

Un cale-bébé morphologique : il ne présente pas vraiment de bénéfices. Un bébé, ça bouge, et c'est normal. C'est d'ailleurs comme cela qu'il va acquérir la capacité de se tourner. Et bouger prévient aussi le syndrome de la tête plate. Si tu respectes bien les préconisations de couchage pour éviter la mort subite du nourrisson, il ne devrait pas y avoir de problème.

EN PRÉVENTION DE LA MIN

La mort inattendue du nourrisson (MIN)[8], aussi appelée « mort subite du nourrisson », est définie comme le décès subit d'un enfant âgé de 1 mois à 1 an jusqu'alors bien portant, alors que rien dans ses antécédents connus ni dans l'histoire des faits ne pouvait le laisser prévoir. Le décès a lieu le plus souvent durant son sommeil.

Malgré une diminution de plus de **75 %** du nombre de décès chez le nourrisson ces dernière années, il s'agit de la **première cause de mortalité des bébés âgés de 1 mois à 1 an**.

Comment prévenir la MIN ?

Coucher les nourrissons sur le dos, dans une turbulette adaptée à leur taille et à la saison, sur un matelas ferme et dans un lit à barreaux sans coussin, drap, couette, oreiller, matelas surajouté, cale-bébé, tour de lit ni autres objets (doudous, peluches, etc.) qui puissent recouvrir, étouffer ou confiner l'enfant.

•

Ne pas surchauffer la chambre et faire circuler l'air. La température idéale est de 18 à 20 °C.

•

Pratiquer le cododo avec un lit adapté à cet effet dans la chambre des parents au moins les 6 premiers mois de Bébé.

•

Ne pas pratiquer le co-sleeping durant les 6 premiers mois de vie de Bébé (risque d'étouffement).

8 www.santepubliquefrance.fr/maladies-et-traumatismes/maladies-de-la-mere-et-de-l-enfant/mort-inattendue-du-nourrisson/le-syndrome/

Les facteurs

- un enfant vulnérable par son histoire (prématuré, petit poids de naissance) ;
- une période critique de son développement neurologique, respiratoire et cardiaque ;
- une exposition à des facteurs « de stress » environnementaux (mauvais couchage, tabagisme passif ou pendant la grossesse, objets dans le lit, infections).

Ces trois facteurs réunis peuvent constituer une situation à risque majeure pour l'enfant.

Les causes

- les suffocations et l'asphyxie principalement ;
- les causes infectieuses virales ou bactériennes (respiratoires, septicémies) ;
- les causes cardiaques ;
- les causes environnementales (accidents de couchage inadapté).

Le rôle du co-parent

La présence du co-parent – si elle est possible – est essentielle et nécessaire pour toute la famille. **Même si c'est encore difficile à ancrer dans la société et les mœurs, le co-parent, plus généralement le papa, a un rôle équivalent à celui de la maman.**

Pour l'aider, voici quelques astuces, qui peuvent d'ailleurs être mises en place également par la mère.

Préparer des repas à l'avance pour les congeler contribue à se simplifier la vie durant le 4e trimestre. Comme déjà évoqué, il existe de nombreux supports pour prévoir des repas facilement, avec de bons produits, nourrissants. On trouve même des traiteurs qui ont fait du post-partum leur spécialité (malheureusement, encore majoritairement à Paris). Mais vous – toi, le co-parent, et même votre entourage ! – pouvez aussi préparer des plats à l'avance, en grande quantité, et les congeler. Tu gagneras du temps à l'arrivée de Bébé, et tu auras plaisir à manger comme il faut.

Pratiquer le portage est une habitude merveilleuse, qui te sera aussi bénéfique à toi qu'à Bébé, et qui peut aussi très bien être prise par le co-parent ! Grâce à cette technique, vous gardez les mains libres, tout en ayant Bébé sur vous, et celui-ci sera rassuré par la sensation procurée, qui est proche de celle qu'il expérimentait dans ton ventre. Il y trouvera même le sommeil. En ce qui me concerne, le portage m'a clairement sauvée : il m'a aidée à tisser le lien avec ma fille, à la calmer et à l'endormir, et m'a aussi donné la liberté de pouvoir faire autre chose en même temps. Et ça, ça fait du bien.

Plus bas dans le livre **(voir p. 174-177)**, je t'expliquerai concrètement les bienfaits du portage, et comment le pratiquer en toute sécurité.

Prendre un congé parental n'est pas l'apanage de la mère, le père peut tout aussi bien y prétendre, il suffit de le préciser sur la demande faite aux organismes. Il est important d'inclure le co-parent dans son rôle, via des actions comme celle-ci. Le papa a également la possibilité de rallonger son congé paternité (maintenant étendu à 28 jours non obligatoires depuis juillet 2021[9]) grâce aux congés classiques. Il est nécessaire pour toute la famille que le co-parent fasse preuve **d'implication** et **fasse sa part**. Un bébé, ça se décide à deux (si c'est le cas pour toi), donc on s'implique à deux.

Avec mon mari, nous avons vraiment tenu à nous entourer uniquement de personnes bienveillantes et à filtrer au maximum les visites. J'ai accouché pendant la période du COVID, ce qui nous a plutôt aidés à ne pas subir les visites imposées par notre entourage qui ne veut qu'une chose : voir le bébé sans se demander si nous ne souhaitions pas plutôt rester tranquilles. En revanche, j'ai eu la visite tous les jours, de façon alternée, de ma maman et de ma belle-maman. J'étais tellement mal à cause de ma dépression post-partum les premières semaines que je ne voulais pas rester seule.

Justine

9 Décision du Parlement le 30 septembre 2020 : « *Jusque-là, le congé paternité était de 14 jours maximum. Cette durée sera doublée dès l'année prochaine pour passer à 28 jours. Sur le mois de congé, une période de 7 jours sera obligatoire.* » Elysee.fr

Et l'entourage dans tout ça ?

L'entourage, familial et amical, généralement surexcité à l'annonce de l'arrivée d'un futur petit bébé, peut s'avérer d'un réel soutien… ou l'inverse. La chose la plus importante à retenir en la matière est la suivante : **c'est votre bien-être à toi, à ton bébé et au co-parent, qui compte en priorité**.

C'est-à-dire que les choix que vous prenez, le co-parent et toi, doivent être respectés. Parfois – inutile de le préciser –, on se passerait volontiers des visites intempestives et faites à l'improviste – surtout si elles n'ont pour fin que de s'intéresser exclusivement au bébé, et de prodiguer nombre de conseils et de remarques, pas toujours bienveillants. Ainsi, il arrive que l'entourage n'ait pas un effet positif. Le co-parent et toi êtes libres alors de limiter les visites, de dire quand quelque chose ne vous convient pas. Et ce, dès le séjour à la maternité. Le chamboulement dû à l'arrivée de Bébé est déjà important, tu n'as pas besoin de contraintes supplémentaires.

Et même si tout se passe bien, il est important de rappeler que le co-parent et toi comptez tout autant que ce nouveau petit être. Que, peut-être, il serait possible de vous faire un peu de ménage, quelques machines et, pourquoi pas, de garder Bébé le temps que vous vous reposiez un peu.

LE CONGÉ DE PATERNITÉ EN CHIFFRES

28 jours

Depuis le 1er juillet 2021, le père (ou le co-parent) dispose de 28 jours de congé de paternité après la naissance de son enfant (dont 7 jours obligatoires)[1].

70 %

C'est le pourcentage de pères qui ont recours au congé de paternité[2].

90 %

Ils sont 9 pères sur 10 à le prendre chez les salariés du secteur public[3].

50 % vs 80 %

Seulement la moitié des salariés en CDD prennent leur congé de paternité contre 80 % chez les salariés en CDI[4].

1. https://www.gouvernement.fr/actualite/la-duree-du-conge-paternite-passe-de-14-a-28-jours
2. https://drees.solidarites-sante.gouv.fr/publications/etudes-et-resultats/le-conge-de-paternite-un-droit-exerce-par-sept-peres-sur-dix
3. https://drees.solidarites-sante.gouv.fr/publications/etudes-et-resultats/le-conge-de-paternite-un-droit-exerce-par-sept-peres-sur-dix
4. https://www.gouvernement.fr/actualite/la-duree-du-conge-paternite-passe-de-14-a-28-jours

S'occuper de soi en post-partum

Comment ça va physiquement ?

Sage-femme & gynécologue

La sage-femme a une place extrêmement importante lorsqu'il s'agit de maternité. Elle représente ta première interlocutrice officielle, à qui tu pourras te confier sur tes doutes et à qui tu pourras poser toutes sortes de questions – à ton sujet ou sur ton bébé.

Lors de ton retour à domicile, il est prévu que tu sois suivie automatiquement par une sage-femme. Jusqu'au 12e jour après l'accouchement, c'est entièrement pris en charge. Au-delà, cela te sera remboursé à 70 %. L'Assurance Maladie préconise uniquement « 2 séances de suivi postnatal avec une sage-femme[1] ».

Mais 2 séances d'à peine une heure, c'est bien trop peu pour certaines mamans, qui ont réellement besoin de soutien. Alors, n'hésite surtout pas à solliciter des séances d'aide, en plus, pour toi ou

1 www.ameli.fr/assure/sante/themes/accouchement-et-nouveau-ne/suivi-domicile

pour ton bébé, auprès de ta sage-femme. Elle pourra, en général, répondre à la grande majorité de tes besoins. De plus, n'oublie pas que tu pourras aussi faire ta rééducation postnatale chez elle !

Tu te rendras également chez ton ou ta gynécologue, 6 à 8 semaines environ après ton accouchement, afin de faire le point sur ton état de santé et t'assurer que tout est rentré dans l'ordre. Ce rendez-vous est fortement recommandé ! C'est l'occasion de vérifier tes cicatrices, si tu as eu une césarienne ou une épisiotomie par exemple, mais aussi de lancer la rééducation du périnée (voir p. 31-32). C'est aussi le moment pour toi d'évoquer certains sujets qui peuvent (ou pas) te poser souci : reprise de la sexualité, contraception[2], douleurs, saignements, troubles urinaires, etc.

En clair, la sage-femme et le gynécologue sont les deux professionnels de santé qui entrent dans la prise en charge officielle du post-partum. Mais il existe beaucoup d'autres intervenants, que je vais te décrire dans les pages qui suivent.

Pour aller plus loin

Je t'invite à aller voir les comptes Instagram de @charline.sagefemme & @jujulagygy

CHARLINE.SAGEFEMME

JUJULAGYGY

2 www.questionsexualite.fr/choisir-sa-contraception/tous-les-modes-de-contraception/

CONTRACEPTION ET POST-PARTUM

Attention : à partir du 21e jour post-partum environ, tu es de nouveau fertile et, si tu envisages de reprendre une activité sexuelle sous peu, il vaut mieux rapidement penser à une contraception.

Intox : allaiter n'empêche pas de tomber enceinte. S'il est vrai que certaines n'ovulent pas pendant l'allaitement, cela ne concerne pas toutes les femmes et allaiter ne peut être considéré comme contraceptif. Le risque de grossesse est présent.

Moyens contraceptifs existants :

Le préservatif (masculin ou féminin), à placer sur le pénis pour l'homme et dans le vagin pour la femme. C'est le seul contraceptif qui protège des IST (infections sexuellement transmissibles).
Bon à savoir : tous les jeunes âgés de moins de 26 ans peuvent obtenir gratuitement des préservatifs masculins en pharmacie. Pour les femmes, leur contraception est prise en charge à 100 % jusqu'à l'âge de 26 ans.

La pilule
Chez la femme qui allaite :

- les contraceptifs à base d'oestroprogestatifs ne sont pas recommandés pendant les 6 mois suivant l'accouchement car ils freinent la production de prolactine ;
- les contraceptifs à base de progestatifs seuls peuvent être utilisés à partir de 21 jours après l'accouchement.

En l'absence d'allaitement :

- les progestatifs et les oestroprogestatifs sont utilisables à partir de 21 jours après l'accouchement.
- L'implant est un petit bâtonnet en plastique, de 4 cm de long et de 2 mm de diamètre (la taille d'une allumette). Il est inséré juste sous la peau et permet de stopper l'ovulation. Il a une durée d'action de 3 ans. Il est possible de se le faire poser dès le retour des règles.

Le dispositif intra-utérin (DIU) au cuivre ou hormonal (communément appelé « stérilet ») a une forme de « T » et mesure environ 3 cm de long. Il est placé dans l'utérus par un médecin ou une sage-femme et se termine par un fil coupé très court au moment de la pose. Il est assez long pour permettre au médecin ou à la sage-femme de le retirer avec une petite pince. Ce morceau ne gêne pas le partenaire pendant les rapports sexuels. Les DIU sont utilisables en post-partum, que la femme allaite ou non, à partir de 4 semaines après l'accouchement. Qu'il soit hormonal ou en cuivre, il est conseillé de le faire changer tous les 4 ans.

L'anneau vaginal est flexible et en plastique poreux qui contient une association d'hormones (œstrogène + progestatif). On l'insère au fond du vagin et la chaleur du corps permet aux hormones de se diffuser à travers la paroi vaginale et de passer dans le sang. Il doit être inséré le plus profondément possible, mais sa position n'a pas d'importance en soi. Ce qui importe, c'est qu'il tienne. On le garde pendant 3 semaines ; on le retire durant la quatrième semaine, celle des règles, et on recommence le processus. Il est déconseillé jusqu'à 6 mois après l'accouchement si allaitement.

Le patch contraceptif est un timbre qui se colle sur la peau. Il contient un œstrogène et un progestatif, qui traversent la peau et passent progressivement dans le sang. Le patch protège pendant 4 semaines. Chaque semaine, pendant 3 semaines, on colle un patch, et la quatrième semaine, on le retire car les règles vont arriver. Le patch doit être appliqué sur le ventre, sur les épaules ou dans le bas du dos. Il ne doit jamais être placé près d'un sein. Il est déconseillé jusqu'à 6 mois après l'accouchement si allaitement.

Le diaphragme contraceptif (en latex ou en silicone) se glisse dans le vagin, au contact du col de l'utérus, pour empêcher le passage des spermatozoïdes vers l'intérieur de celui-ci. Le diaphragme peut être posé au moment du rapport sexuel ou jusqu'à 2 heures avant. Il doit être laissé en place pendant 8 heures après le rapport sexuel (et retiré au plus tard dans les 24 heures qui suivent le rapport). Il peut être réutilisé plusieurs fois à condition d'être lavé après chaque utilisation. On peut l'associer à des spermicides pour plus d'efficacité. Il est compatible avec l'allaitement.

Les spermicides sont des substances qui rendent inactifs ou qui détruisent les spermatozoïdes. Ils se présentent sous forme de crème, de gel ou d'ovule insérés au fond du vagin. On peut les utiliser seuls mais il est fortement recommandé de le faire en association avec une méthode dite « barrière » comme le préservatif masculin ou féminin, le diaphragme ou la cape cervicale afin d'être protégée de manière plus efficace.

Les méthodes naturelles de contraception[3] consistent à éviter les rapports sexuels fécondants en période d'ovulation. Elles ont un taux d'échec considéré comme élevé :

- **le retrait** : l'homme se retire du vagin de sa partenaire avant d'avoir éjaculé en veillant à ne pas éjaculer à l'entrée du vagin ;
- **les méthodes d'abstinence périodique**, qui consistent à éviter d'avoir des rapports sexuels non protégés pendant les jours fertiles qui précèdent ou suivent l'ovulation ;
- **la méthode des températures**, qui nécessite une prise de la température corporelle chaque matin au lever de manière à identifier la légère élévation de température qui a lieu à partir du début de l'ovulation ;
- **la méthode « Billings »,** qui s'appuie sur l'observation de l'aspect de la glaire cervicale, qui varie en fonction des périodes du cycle ;
- **la méthode « Ogino »**, consistant à éviter les rapports sexuels durant la période de fertilité, pour les femmes ayant des cycles réguliers ;
- **les trousses de prédiction de l'ovulation**, permettant de mesurer les variations hormonales au cours du cycle.

Quoi que tu décides, n'hésite pas à demander conseil à ta sage-femme, qui pourra te guider dans ton choix.

Pour aller plus loin

Cycle féminin et contraceptions naturelles d'Audrey Guillemaud

3 www.ameli.fr/assure/sante/themes/contraception/methodes-naturelles-contraception

L'ostéopathie

« L'ostéopathie repose sur l'utilisation du contact manuel pour le diagnostic et le traitement. Elle prend en compte les relations entre le corps, l'esprit, la raison, la santé et la maladie[4]. »

Pour faire simple, elle permet de traiter des maux physiques et parfois psychiques à l'aide de certaines manipulations faites sur notre corps.

À quoi ça sert en post-partum ?

Lorsque tu accouches, que ce soit par voie basse ou par césarienne, ton corps subit des transformations physiques brutales. Tu expulses un bébé, et tu perds donc soudainement le poids de celui-ci ! Ces transformations peuvent parfois entraîner des douleurs ou des dérèglements au niveau de ton système digestif ou uro-génital. Et c'est là que peut entrer en jeu un(e) ostéopathe, afin d'intervenir positivement sur ces maux.

L'ostéopathie post-grossesse n'est pas douloureuse et concerne le corps entier. Souvent, l'ostéopathe se concentre particulièrement sur le bassin et sa périphérie, ainsi que sur l'utérus et les viscères abdominaux. Cela permet d'éliminer certaines tensions, favorisant alors le bon retour à l'équilibre des structures durant le post-partum. Tu peux aussi aller voir un ostéopathe pour des séquelles liées à une déchirure ou à une épisiotomie, pour des problèmes d'allaitement, si tu ressens une fatigue pesante ou si tu as des problèmes de sommeil.

Pour aller plus loin

Je t'invite à aller voir le compte Instagram de Manon @osteofeminin

OSTEOFEMININ

4 Définition de l'OMS. www.osteopathe-syndicat.fr/osteopathie-definition-oms

PETITS CONSEILS D'OSTÉOPATHE

- Ne soulevez rien de plus lourd que votre bébé tant que la rééducation du périnée n'est pas terminée.

- Ne vous levez pas d'un lit ou d'un canapé en rapprochant votre buste de vos jambes, et ce surtout si vous avez subi une césarienne.

- En toutes circonstances, essayez de penser à votre dos lorsque vous vous occupez de votre bébé : utilisez une table à langer haute, pliez les jambes pour vous baisser ou accroupissez-vous.

- Calez bien votre dos en nourrissant votre bébé.

- Ne recommencez aucun sport avant la fin de la rééducation périnéale et sans l'accord de votre gynécologue.

La kinésithérapie

« La kinésithérapie ou kiné est une spécialité médicale qui consiste en l'utilisation de mouvements actifs et passifs comme la mobilisation des membres, les massages, ou encore l'électricité dans un but thérapeutique et de rééducation[5]. »

La kiné entre dans le cadre de la rééducation postnatale, plus communément connue sous le nom de « rééducation du périnée ».

Pour cela, il faut attendre le rendez-vous autour de 6-8 semaines post-accouchement avec le gynécologue. C'est en effet lui qui donne le feu vert pour commencer la rééducation. Il est important de respecter ce délai pour laisser aux tissus internes le temps de cicatriser. Tu pourrais te blesser en pensant bien faire et en précipitant les choses !

À quoi ça sert en post-partum ?

La kiné et la rééducation ont pour but de t'aider à retrouver les fonctionnalités initiales de ton corps, mais aussi d'éviter certaines complications comme l'incontinence urinaire ou les troubles digestifs. La kiné va t'aider à réduire tes douleurs périnéales, dorsales et musculaires. Elle peut aussi participer à améliorer la vision que tu as de ton image corporelle, restaurer ton état psychique et réduire de possibles troubles sexuels[6].

Pour aller plus loin

Je t'invite à aller voir le compte Instagram de Mathilde @physiomathildeelind

PHYSIOMATHILDEELIND

5 www.fr.mimi.hu/medecine/kinesitherapie.html

6 www.kinemedical.fr/fr/dossiers/tous-les-dossiers/kinesitherapie-post-natale

COMMENT SE PASSE UNE SÉANCE DE KINÉSITHÉRAPIE EN POST-PARTUM ?

L'objectif est d'abord d'identifier les douleurs et gênes que tu peux ressentir. Le ou la kinésithérapeute élaborera alors un programme précis pour les faire disparaître.

Cela peut se faire grâce à plusieurs options :

- techniques énergétiques musculaires ;
- correction du diastasis recti ;
- renforcement postural ;
- coordination des muscles du plancher pelvien et musculation ;
- exercices de renforcement de base.

Le kinésithérapeute peut également te donner des exercices à faire chez toi. Quelques modifications dans tes routines habituelles peuvent déjà aider ton corps à récupérer après ta grossesse et l'accouchement.

Tu peux aussi te rendre chez ta sage-femme pour faire ta rééducation du périnée !

Le soin Rebozo

« Le soin Rebozo est un **soin traditionnel mexicain** […]. [Il s'agit d'une] technique de relaxation profonde. Ce soin est généralement donné par deux femmes aux nouvelles mères, au minimum 40 jours après l'accouchement. Il permet de resserrer le bassin, de repositionner le corps en douceur, de faire le plein d'énergie et de se détendre le temps du soin[7]. »

Plus précisément, il se déroule ainsi :

- 1. « Un massage à quatre mains, favorisant un profond lâcher-prise ;
- 2. un bain chaud fleuri/un hammam aux huiles essentielles ;
- 3. un enveloppement et un resserrage avec le Rebozo [sorte d'écharpe positionnée au niveau du bassin, que l'on sert pour l'aider à retrouver son emplacement initial après la grossesse et l'accouchement] en 7 points clés : tête, épaules, ventre, bassin, cuisses, mollets, pieds.

Une tisane à base de romarin et de cannelle reminéralisante, nourrissante et réchauffante ponctue la séance. »

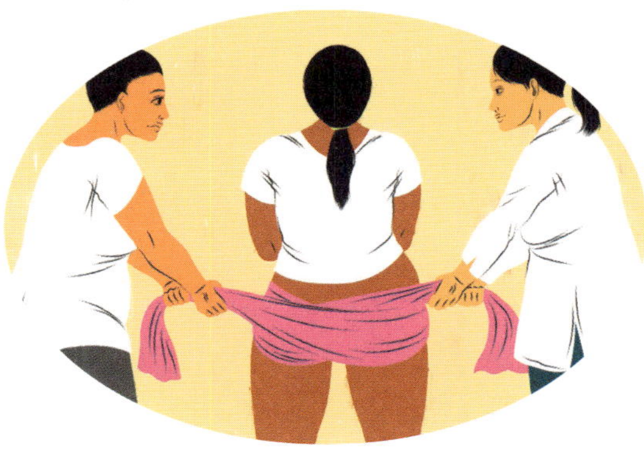

7 www.oummi-materne.com, « Le soin rebozo : un soin féminin ancestral »

À quoi ça sert en post-partum ?

Ce soin méconnu, mais très apprécié des jeunes mamans pendant le 4e trimestre, est susceptible d'apporter de nombreux bénéfices mentaux, physiques et émotionnels : il permet à la femme de se recentrer sur elle-même, de retrouver son énergie, de libérer les sensations de l'accouchement et, surtout, de s'offrir du temps.

N'hésite donc pas à prendre rendez-vous car tu as véritablement besoin de temps pour toi !

> **Pour aller plus loin**
> **Je t'invite à te rendre sur l'annuaire officiel sur lequel sont répertoriées des praticiennes certifiées dans le soin Rebozo.**

Le massage ayurvédique

Ce dernier est inspiré d'une tradition indienne appelée l'ayurveda, qui consiste à prendre soin de la maman les 40 jours suivant son accouchement, en la massant régulièrement notamment. La jeune mère, elle, doit juste nourrir son bébé et créer un lien avec celui-ci. Elle est déchargée de toute autre tâche (en particulier la préparation des repas) pour favoriser au maximum son repos.

De cette tradition a découlé un rituel de massage qui « permet de régénérer le corps et de faciliter l'élimination des toxines en tonifiant les tissus, en drainant les surcharges éventuelles et en décontractant les muscles. Il harmonise l'état physique, psychique et émotionnel des femmes en les remettant en contact avec leur corps de manière douce et bienveillante pour les aider à retrouver dynamisme et vitalité[9]. »

> **Pour aller plus loin**
> **Je t'invite à aller voir le compte Instagram de Noémie @bloom_ayurveda**
>
> BLOOM_AYURVEDA

8 https://soin-rebozo.fr/annuaire/

9 www.lebienetre.fr, « Massages ayurvédiques pour la grossesse et le post-partum ».

À quoi ça sert en post-partum ?

Ce massage procure énormément de bienfaits :

- « Améliorer la circulation sanguine et lymphatique et éliminer les toxines ;
- libérer les points de tension du bas du dos, des hanches et de l'abdomen ;
- soulager les tensions des bras, épaules et cervicales surtout si vous allaitez et portez votre bébé ;
- favoriser la convalescence en cas de césarienne ;
- resserrer le bassin ;
- apporter un regain d'énergie et un profond bien-être ;
- retrouver ses contours et se sentir recentrée ;
- favoriser le sentiment de confiance grâce à la libération d'endorphines et d'ocytocine[10]. »

Tout comme le soin Rebozo, le massage ayurvédique est un moment spécial « jeune maman » à prendre pour soi. J'aurais vraiment aimé connaître ce type de soin qui, en plus de faire du bien à notre corps, en fait également à notre tête. Et ça, c'est extrêmement important.

Pour aller plus loin

Je t'invite à aller voir le compte Instagram de Marie @mariejob_

MARIEJOB_

10 www.temesira.org

Comment ça va psychologiquement ?

La sophrologie

La sophrologie est une technique de relaxation qui utilise la respiration et la visualisation mentale afin d'atteindre un bien-être physique et mental nécessaire pour mieux gérer les émotions et difficultés du quotidien.

Voici une définition plus officielle et détaillée :

« La sophrologie est une méthode [...] exclusivement verbale et non tactile. Elle emploie un ensemble de techniques qui vont à la fois agir sur le corps et sur le mental et combine des exercices qui travaillent à la fois sur la respiration, la décontraction musculaire et l'imagerie mentale (ou visualisation). Toutes ces techniques permettent de retrouver un état de bien-être et d'activer tout son potentiel. La sophrologie permet d'acquérir une meilleure connaissance de soi et d'affronter les défis du quotidien avec sérénité[11]. »

Pour moi, la sophrologie a été une véritable bouée de sauvetage. Après la naissance de ma fille, j'ai dû faire face à de nombreuses angoisses et à de fortes montées de stress, et c'est vite devenu ingérable au quotidien... Grâce à quelques exercices de relaxation appris pendant mes séances, cela a tout de suite été plus facile. Je pratique d'ailleurs encore la sophrologie aujourd'hui ! Associé à mes traitements et à ma thérapie, j'ai suivi des cours de sophrologie avec la merveilleuse @mariejob_. Cette technique a vraiment été une alliée pour gérer mon stress, me permettre de me recentrer et apprendre à relativiser !

Justine

11 Chambre syndicale de sophrologie. https://nature-sophrologie.fr/la-sophrologie/quest-ce-que-la-sophrologie/

À quoi ça sert en post-partum ?

Durant les suites de couches, on peut être confrontée à des situations anxiogènes répétées, susceptibles de rapidement devenir un cercle vicieux. La sophrologie donne des astuces de respiration – par exemple – à pratiquer dans des moments de stress intense afin d'apprendre à mieux gérer la situation.

Cette technique peut être utile dans la durée et sans modération, dans un moment d'angoisse ou avant de s'endormir le soir : grâce à elle, on se recentre sur soi-même et on se sent plus apaisée.

L'hypnothérapie

L'hypnothérapie a pour but de créer un état modifié de conscience, proche de celui du sommeil (le grec ***hypnos*** signifiant « sommeil »), dans un but thérapeutique. Cet état, proche de la méditation, permet à la personne de pénétrer son inconscient tout en restant consciente de ce qui l'entoure.

On perçoit alors les choses plus largement, et avec un certain recul. On peut ainsi se confronter plus naturellement à ses problèmes, et les résoudre grâce à un sentiment de lâcher-prise qui aurait une action sur l'esprit, les réactions émotionnelles et le corps. L'hypnose permet également d'apaiser une peur ou de corriger un comportement qui ne convient pas ou plus. L'objectif de ce travail psychologique est de creuser ce qu'il se passe dans le subconscient, tout en mettant en veille le conscient.

Je suis allée voir une hypnothérapeute, mais ce fut une mauvaise expérience : c'était un charlatan et elle a profité de ma faiblesse à ce moment-là. L'hypnothérapie peut toutefois être un super outil pour t'aider à surmonter les difficultés maternelles, à condition d'aller voir quelqu'un de qualifié ! D'où la nécessité de rechercher un professionnel dans la liste officielle disponible sur le site dont je t'ai fourni le lien.

Justine

À quoi ça sert en post-partum ?

L'hypnose est une possibilité pour travailler sur les difficultés émotionnelles liées à la maternité : elle peut se révéler bénéfique si tu as eu un accouchement difficile, vécu comme traumatique, et duquel ont découlé des peurs, par exemple. Elle propose aussi une forme d'accompagnement si tu souffres de dépression post-partum (en plus d'un suivi psychologique), pour t'encourager à aller chercher plus loin les causes de celle-ci, et favoriser la création du lien avec ton bébé.

Mais attention, choisis un bon professionnel ! Il y a en effet malheureusement beaucoup de personnes malveillantes se présentant comme hypnothérapeutes, mais ce n'est pas toujours le cas.

Pour aller plus loin

Voici l'annuaire officiel des professionnels certifiés pratiquant l'hypnose.

La naturopathie

La naturopathie est une médecine douce basée sur des thérapeutiques naturelles qui tentent de traiter la cause d'un problème en stimulant les propres ressources de notre corps. Elle s'appuie sur l'alimentation, l'activité physique et les émotions. Un(e) naturopathe travaille principalement avec des techniques incluant l'aromathérapie (huiles essentielles), la phytothérapie (plantes), les massages, la réflexologie, les techniques respiratoires (yoga, méditation) et les techniques énergétiques (magnétisme).

Je valide grandement les techniques de naturopathie et d'homéopathie ! Je les ai utilisées pour gérer mon stress par exemple. Mais également pour ma fille, lors de ses crises de coliques, ses poussées dentaires, etc. N'hésite toutefois pas à demander conseil à un professionnel.

Justine

12 www.hypnose.fr/directory-therapeutes/

À quoi ça sert en post-partum ?

En cette période de chamboulements, il est important de prendre soin de soi. Voici quelques astuces simples à mettre en place :

- **Mange chaud** afin que ton corps récupère plus facilement en mobilisant de l'énergie défensive et lutte ainsi contre les attaques de microbes. Favorise les aliments riches en oméga, fer, magnésium, vitamines C et D (voir p. 91-93).
- **Mobilise-toi** : sors, promène-toi à l'extérieur, prends le soleil et fais le plein de vitamine D. Tu peux aussi faire des étirements et reprendre le sport si tu le souhaites (et si ta rééducation du périnée est terminée). Écoute ton corps, regarde comment il réagit, et surtout ne te force pas. Tout cela permettra à ton corps de retrouver ses sensations et tu l'apprivoiseras tout doucement.
- **Prends du temps pour toi** en te faisant masser ou en prenant un bon bain chaud. Pour ces derniers, il faut toutefois attendre quelques semaines. Relaxe-toi, fais du yoga ou médite. Tu peux mettre en place cette routine même quelques minutes par jour, comme un sas de décompression pour te ressourcer.
- **Pense aux compléments naturels** : si tu en ressens le besoin, complémente-toi en fer, probiotiques ou magnésium. Cela peut t'aider à récupérer plus facilement, tout comme les infusions à base de plantes, qui te détendront au passage. Et pense aux fameuses Fleurs de Bach de chez Rescue©, pour vaincre un moment de stress.

La naturopathie est un super moyen pour connaître un post-partum apaisé !

Pour aller plus loin

Tu peux lire le livre du Julia Simon, *Bien vivre le quatrième trimestre au naturel*. Voici son compte Instagram.

JULIASIMON.NATURALLY

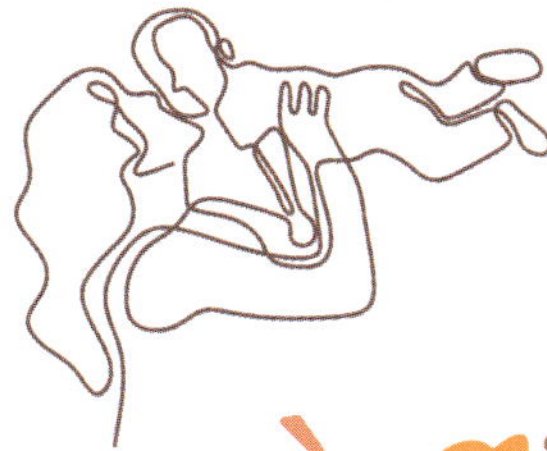

Où et à qui demander de l'aide ?

Professionnels de santé

Médecin traitant

Évidemment, il est important de te tourner vers un médecin en qui tu as confiance et avec lequel tu te sens à l'aise. Tu dois te sentir écoutée et soutenue par ce professionnel de santé ! Le médecin a une place importante pendant le 4e trimestre et il représente souvent le premier interlocuteur vers qui tu te dirigeras pour te confier et demander de l'aide. Son rôle, si nécessaire :

- pratiquer l'entretien postnatal précoce de dépistage de la dépression post-partum entre la 4e et la 8e semaine suivant l'accouchement ;
- répondre à tes angoisses et difficultés liées à ta nouvelle maternité et te guider vers d'autres professionnels si besoin (diététicienne, consultante en lactation, psychologue, pédopsychiatre…) ;
- te soutenir dans ton allaitement et t'orienter également si besoin ;

« La période du post-partum peut être un moment de grande fragilité pour les parents. C'est véritablement à ce moment-là que la maman a besoin de soutien ! »

- te conseiller des groupes de parole mère-enfant, des séances de massage bébé ou des séances infos allaitement ;
- te diriger vers un spécialiste si des difficultés à créer du lien avec ton bébé sont repérées ou exprimées ;
- mettre en place une aide médicamenteuse.

Mon médecin traitant a été la première personne que j'ai sollicitée lorsque j'étais au fond du trou. C'est lui qui a diagnostiqué ma dépression post-partum et qui m'a prescrit des antidépresseurs. Je lui dois beaucoup car, dans un état de détresse maternelle, on ne sait pas vers qui se tourner. Le médecin traitant est souvent le premier fil conducteur qui nous amène vers une prise en charge pour nous en sortir. Alors, merci à lui !

Justine

ENTRETIEN POSTNATAL : DÉTECTER LA DÉPRESSION POST-PARTUM

Depuis le 1er juillet 2022, **un entretien postnatal[13] précoce est obligatoire pour les jeunes mamans.** Celui-ci a pour but de repérer au plus tôt les premiers signes de mal-être.

L'entretien postnatal précoce est effectué par un médecin ou une sage-femme entre la 4e et la 8e semaine qui suit l'accouchement. **Il est pris en charge par l'Assurance maladie à hauteur de 70 %.**

Un second entretien peut être proposé entre la 10e et la 14e semaine qui suit l'accouchement, si la mère en exprime le besoin. L'objectif est de « repérer les premiers signes de la dépression du post-partum ou les facteurs de risques qui y exposent et d'évaluer les éventuels besoins de la femme ou du conjoint en termes d'accompagnement[14] ».

La dépression post-partum toucherait **entre 15 et 30 % des mères,** soit près de **100 000 femmes chaque année,** et seulement **5 % disent avoir été diagnostiquées** par un spécialiste. Le médecin que tu rencontres lors de cet entretien a le même rôle que ton médecin traitant (**voir p. 123**).

13 www.service-public.fr/particuliers/actualites/A15804

14. Idem.

La période du post-partum peut être un moment de grande fragilité pour les parents. C'est véritablement à ce moment-là que la maman a besoin de soutien !

Psychologue & psychiatre

Le rôle du psychologue en post-partum

Un accompagnement psychologique s'avère nécessaire pour trouver une issue à la dépression post-partum, ou même pour réussir à surmonter les angoisses maternelles. Tu peux consulter un(e) psychologue de toi-même ou sur l'avis de ton médecin. La psychothérapie offre **un soutien et une écoute** pour reprendre confiance en toi, en ton rôle de maman, et pour **déculpabiliser**. Tu vas travailler avec le psychologue pour renforcer ton lien avec ton bébé et t'adapter à ton nouveau rythme de vie. Bien sûr, en amont, il faut impérativement que tu sois d'accord et volontaire et que tu te sentes à l'aise avec le spécialiste choisi pour que la thérapie porte ses fruits. Malheureusement, parfois, cela ne suffit pas, et une aide médicamenteuse se révèle indispensable. Un(e) psychiatre peut alors entrer en jeu.

Après une expérience avec une première psychologue avec laquelle je n'ai pas eu de feeling, j'ai changé et j'en ai trouvé une exceptionnelle qui m'a aidée à travailler sur moi, à comprendre certaines choses et à avancer sereinement dans ma vie.

Justine

Le rôle du psychiatre en post-partum

Le psychiatre donne un sens à tes symptômes en posant un diagnostic (dépression post-partum, psychose puerpérale, etc.), et surtout il y apporte une aide médicamenteuse, en prescrivant des antidépresseurs ou des anxiolytiques. Le but est de cibler au mieux tes besoins afin de trouver une solution vraiment adaptée à ceux-ci, comme te proposer un traitement compatible avec l'allaitement par exemple.

Les antidépresseurs

Le rôle d'un antidépresseur est de stimuler les neurotransmetteurs qui activent des molécules comme la sérotonine, la noradrénaline et la dopamine, qui sont, entre autres, « les hormones du bonheur ».

Imagine que, dans ta tête, il y a deux portes : celle des pensées positives et celle des pensées négatives. Lors d'une dépression, la première est quasiment fermée, et la seconde se tient grande ouverte. C'est à cause de cela que tu « broies du noir ». **Les antidépresseurs vont permettre de réouvrir le canal des pensées positives et de mieux maîtriser l'ouverture de la porte des pensées négatives.**

Il s'agit donc d'un régulateur de l'humeur, parfois indispensable pour traiter la dépression. Le traitement se prend à heure fixe le matin ou le soir, mais attention, l'efficacité n'est pas immédiate : **l'amélioration des symptômes s'observe généralement après 2 à 4 semaines.** C'est normal si tu ne ressens pas tout de suite d'effets positifs, il faut patienter. Cependant, si tu remarques des effets indésirables et gênants, parles-en au professionnel

Pour aller plus loin

Je t'invite à aller voir le compte Instagram de Dalila @psy_dalila_hp

PSY_DALILA_HP

qui t'a prescrit le traitement. Et si les antidépresseurs sont efficaces pour 70 % des dépressions, ils nécessitent tout de même un suivi régulier. D'ailleurs, **n'arrête jamais brutalement ton traitement, cela comporte des risques !** Il faut évaluer ta situation avec le médecin qui te suit afin de faire un sevrage adapté. Tu peux prendre des antidépresseurs aussi longtemps que nécessaire ; ils représentent une béquille parfois vitale pour certaines personnes.

Les anxiolytiques

Ceux-ci jouent un rôle de tranquillisants en agissant sur l'anxiété et les angoisses. En effet, un état dépressif ou de fatigue très intense majore l'anxiété, et s'instaure alors un cercle vicieux. Un état anxieux engendre des troubles du sommeil, de l'appétit, etc. Cela devient vite invivable. Les anxiolytiques sont également prescrits par un professionnel de santé, donc n'hésite pas à consulter si tu sens que tes appréhensions deviennent trop envahissantes !

Tu peux contacter @association.maman.blues (voir p. 132) qui te mettra en lien avec un psychologue ou un psychiatre spécialisé en parentalité proche de chez toi.

Infirmière, puéricultrice et auxiliaire de puériculture

Les infirmières, puéricultrices ou auxiliaires de puériculture sont des professionnelles de santé que tu rencontreras très probablement pendant ton séjour à la maternité. **Mais sais-tu que tu peux bénéficier de leur visite à domicile durant ton post-partum ?**

Leur intervention permet d'aider les parents dans leur nouveau rôle, en les accompagnant psychologiquement, moralement et socialement. Elles pourront t'apporter de l'aide dans les soins, le développement et l'éducation de ton enfant. Elles peuvent également être à tes côtés lors de ton allaitement et sont présentes pour répondre à toutes tes éventuelles questions !

Le site Mumiz te met en relation avec une auxiliaire de puériculture ou une infirmière puéricultrice pour te soutenir à domicile, dès la naissance de ton enfant et selon tes besoins. Cela peut être une aide supplémentaire, en plus du suivi avec ta sage-femme. Et sache que tu peux te faire financer jusqu'à 85 % du montant des services Mumiz grâce au CMG (complément du mode de garde).

Pour aller plus loin

Fais ta simulation sur le site Mumiz[14].

15 www.mumiz.fr/

La PMI

La PMI (pour « protection maternelle et infantile », système créé en 1945 à l'initiative du ministre de la Santé de l'époque, François Billoux) est un service de santé publique départemental, placé sous l'autorité du président du conseil départemental. **C'est le meilleur allié des futures et jeunes mamans.** Car si le séjour à la maternité est très encadré, avec une auxiliaire de puériculture ou une sage-femme prête à répondre à toutes les questions, le retour à la maison s'avère parfois déroutant. Les nouveaux parents se retrouvent démunis face à un bébé qui pleure beaucoup, qui ne prend pas assez de poids, ou tout simplement face aux soins du quotidien. L'objectif de la PMI est justement de leur apporter un soutien efficace, dispensé par des professionnels. Et en plus, les services proposés sont entièrement gratuits !

Pour aller plus loin

Voici le lien du site de SuperMamans France
et le lien de son Instagram @supermamansfrance16

SUPERMAMANSFRANCE

Les autres auxiliaires possibles

Associations

Il existe plusieurs associations spécialisées dans les questions de parentalité. Elles peuvent t'apporter de l'aide physique ou psychique, et également servir de soutien émotionnel et/ou d'espace d'échanges. Je vais t'en présenter deux qui me semblent essentielles.

Association Maman Blues

Sont apparus d'abord le site et le forum en 2004, puis l'association créée par Nadège Beauvois en 2006. **Elle a pour but de soutenir les mamans en difficulté, afin qu'elles ne se sentent plus seules et isolées.**

Le forum, plate-forme de discussion et d'entraide, constitue déjà un bon moyen de briser la sensation d'être un cas à part. Mais l'association propose d'autres ressources : des référentes, présentes dans chaque région, organisent des groupes d'échanges (en présentiel ou en visioconférence), afin de libérer la parole autour de la maternité. Il y a également des bénévoles, qui prennent le temps d'écouter et de réorienter vers des professionnels les mamans qui auraient besoin d'un soutien plus appuyé. Maman Blues s'est associée à de nombreux professionnels et institutions afin de répondre au mieux à toutes.

Pour aller plus loin

Voici le lien du site d'Association Maman Blues et le lien de son Instagram @association.maman.blues[15].

ASSOCIATION.MAMAN.BLUES

Association Maman Blues organise également dans chaque région des groupes de parole dans des lieux référencés.

SuperMamans France

Cette association a vu le jour en Suisse en 2015, et a rapidement atterri en France pour le bonheur des jeunes mamans. SuperMamans France est un réseau de soutien de jeunes mamans, durant la période post-partum.

Le principe est simple : **tu peux être une maman-cadeau**, qui va apporter du renfort à une autre jeune maman, soit par ta présence, soit en lui confectionnant des repas, ou même le temps d'une promenade.

Tu peux aussi être une **maman-à-bichonner** : que tu sois enceinte ou déjà mère, tu as le droit que l'on prenne soin de toi, et une maman-cadeau venant de ta région est alors prête à t'épauler. L'occasion, peut-être même, de nouer une amitié !

Doula

Le mot « doula » vient du grec moderne *doulê*, qui signifie « esclave/servante ». Mais de façon plus commune, on traduit par « celle qui sert la mère ».

16 www.maman-blues.fr/

17 www.supermamansfrance.fr/

Pour aller plus loin

Voici le lien pour trouver une doula diplômée[18].

Je t'invite également à aller voir le compte Instagram d'Amandine @amandine_naissance

AMANDINE_NAISSANCE

En voici une définition assez simple : **« Femme qui accompagne et soutient une femme enceinte et son entourage avant, pendant et après l'accouchement[18]. »** En revanche, garde en tête une chose importante : une doula ne pratique pas d'acte médical : elle n'en a tout simplement pas le droit car elle n'est pas diplômée ! Elle vient seulement s'ajouter en complément d'un suivi médical classique. Son accompagnement consistera avant tout en un rôle de soutien, d'écoute, en s'intéressant à l'aspect émotionnel et psychologique des parents et du bébé.

Coach/accompagnant en parentalité

Le travail des accompagnants en parentalité vise à tenter de débloquer une situation familiale ou parentale compliquée pour retrouver l'harmonie. Ces professionnels, encore peu connus, apportent pourtant leur soutien de façon empathique et communiquent des informations bénéfiques aux parents.

La méthode repose sur **l'écoute et la bienveillance,** afin de répondre à un mal-être, un questionnement, un doute, un problème quelconque, qui concernerait la sphère familiale et/ou le rôle parental... Il s'agit de guider la personne vers la solution qui lui convient le mieux, à elle ainsi qu'à sa famille.

18 Définition du mot « doula », dans le dictionnaire Larousse.

19 www.doulas.info/annuaire/

20 www.afap-perinatalite.fr/annuaire-de-professionnels

Nurse de nuit ou « nounou » de nuit

D'abord, sache une chose très importante : la nounou de nuit n'est pas une baby-sitter, c'est une professionnelle de la petite enfance qui peut être auxiliaire de puériculture ou assistante maternelle. Tu te sens fatiguée voire épuisée, et tu n'arrives pas à récupérer ? Dans ce cas, la nounou de nuit représente une solution. **N'oublie pas que la fatigue est l'un des principaux facteurs menant à la dépression. Il est donc indispensable que tu te reposes !**

Comment ça fonctionne ?

Elle travaille généralement de 21 h à 6 h et veille sur le sommeil de l'enfant. Elle dort dans une chambre à côté ou près d'un babyphone pour entendre lorsqu'il se réveille et aller le voir immédiatement. Elle peut donner le biberon, ou simplement le rassurer. Son but est de tout faire pour l'apaiser afin qu'il se rendorme. Si les enfants sont plus âgés, elle veille sur eux, sans avoir forcément besoin d'intervenir, excepté si l'un d'entre eux le réclame. Et en plus de tout cela, elle prodigue souvent de précieux conseils sur le sommeil de Bébé.

Pour aller plus loin

Voici le lien de l'annuaire d'accompagnants en parentalité diplômés si tu souhaites plus d'informations ou trouver un professionnel proche de chez toi[19].

La Caf

Grâce à la Caisse d'allocations familiales (Caf), **il est possible de bénéficier de différentes aides,** comme un accompagnement à domicile, plus précisément appelé TISF (technicien en intervention sociale et familiale). Cet auxiliaire épaule les parents dans des actes de la vie quotidienne et dans leur rôle auprès de leurs enfants : que ce soit pour les tâches de tous les jours (repas, linge, courses...) ou pour l'organisation de la vie familiale (suivi scolaire, rythme de vie, préparation de l'accueil d'un bébé...). Cet avantage non négligeable en post-partum est très peu connu. Et pourtant, les jeunes parents peuvent en disposer pendant 6 mois ! Il suffit d'être affilié à la Caf, et les frais sont calculés en fonction du quotient familial.

LES NUMÉROS D'URGENCE

Voici les numéros à contacter si tu ne peux solliciter personne et que tu te sens mal :

- Allo Parents Bébé : 0 800 00 3456 (du lundi au vendredi, de 10 h à 13 h et de 17 h à 21 h) ;
- Allo Écoute Parents : 06 01 18 40 36 (de 13 h à 15 h) ;
- Allo Parents en crise : 0 805 382 300 (du lundi au vendredi, de 10 h à 13 h et de 14 h à 20 h et le samedi, de 10 h à 13 h) ;
- SOS Parentalité : 09 74 76 39 63 (du lundi au samedi, de 8 h à 12 h et de 14 h à 17 h) ;
- Suicide Écoute : 31 14 (24 h/24 et 7 jours/7) ;
- SAMU : le 15 (24 h/24 et 7 jours/7).

AUTRES SUPPORTS

Réseaux sociaux

Il faut reconnaître que les réseaux sociaux ressemblent souvent à la vitrine de la « vie parfaite ». Et cela se révèle parfois trompeur et culpabilisant pour une jeune maman un peu dépassée ou simplement fatiguée… Lorsque ce genre de posts inonde les écrans, le différentiel se fait vite frappant et déconcertant pour certaines : ventres ultraplats à J +3, amour immédiat pour un petit être clamé sur tous les toits… il n'en faut parfois pas plus pour se sentir anormale.

Heureusement, les réseaux sociaux ne se résument pas à cela. Ils sont aussi un bon moyen pour faire des découvertes formidables, échanger avec des personnes exceptionnelles, s'informer et, surtout, se sentir moins seule.

Quelques comptes inspirants abordent ainsi la maternité de façon décomplexée et regorgent d'informations précieuses :

@postpartum_tamere : Madeleine, maman de Félix et d'Alban, a créé ce compte à la naissance de son aîné. Elle qui a vécu son premier post-partum comme une grosse claque partage aujourd'hui son expérience et ses astuces. Grâce à cela, elle a profité plus sereinement des suites de la naissance d'Alban. Madeleine prouve par son parcours que l'information et la prévention pendant les suites de couches sont réellement indispensables !

POSTPARTUM_TAMERE

@lemoisdor : ce compte, géré par Céline Chadelat, co-autrice du livre *Le Mois d'or : bien vivre le premier mois après l'accouchement* et de son dérivé *Cahier d'exercices pour se préparer en couple*, est une véritable mine d'or. Il foisonne d'informations pour mieux vivre cette période, notamment avec des recettes, des conférences instructives, et il comporte même des groupes de parole. Je recommande !

LEMOISDOR

@postpartum_ledocumentaire : créé par Ève Simonet, ce support met en avant son superbe projet : un documentaire sur le 4e trimestre en immersion, au plus près des nouvelles mères. Quand elle était enceinte de son premier enfant, Ève Simonet s'est rendu compte qu'elle ne connaissait absolument rien à la période des suites de couches. Elle a cherché à en savoir plus, mais très peu de ressources existaient sur le sujet. C'est ainsi qu'elle a décidé de combler ce manque et d'informer le grand public sur ce thème encore bien trop tabou à l'époque. Je conseille vivement de regarder son documentaire, qui est plus que parlant.

EVE_SIMONET

@maman.memes : LE compte que tu dois suivre si tu veux décomplexer et relâcher la pression liée à ton rôle de mère. Grâce au système des « mèmes », Julie met en scène toutes les situations les plus cocasses de la maternité. Et franchement, cela fait du bien d'en rire !

MAMAN.MEMES

@le_regret_maternel : Astrid met en avant une thématique sensible mais bien réelle : le regret maternel. Il toucherait plus de femmes qu'on ne le pense, et, dans une société où la maternité reste présentée comme un gage de bonheur, il est difficile d'en parler. Elle publie de nombreux témoignages de mamans qui vivent le regret maternel et partage des posts en mode « journal intime », où elle exprime des émotions pas toujours faciles. Un vrai compte d'utilité publique ! Elle a également écrit un ouvrage, *Le Regret maternel*, sorti aux éditions Larousse en septembre 2022.

LE_REGRET_MATERNEL

Application « 1000 premiers jours » : créée par Santé Publique France, cette application te permet de répondre à toutes tes questions te concernant toi en tant que parent, ou concernant ton enfant jusqu'à ses 3 ans. Tu peux également lire l'ouvrage *Les 1 000 premiers jours*, sorti aux éditions Larousse en avril 2023.

Vers le site[20]

Podcasts & magazines

Les podcasts sont également de merveilleux supports pour s'informer sur la maternité. Voici mes préférés :

BLISS.STORIES

@bliss-stories : créé par Clémentine Galey, Bliss stories est l'un des podcasts phares dans la catégorie maternité. Les femmes viennent témoigner sur des sujets très divers. Elles racontent leur expérience sans filtre, sans jugement, ni tabou, avec connivence et bienveillance.

@lamatrescence : ce fameux podcast fondé par Clémentine Sarlat est une ressource phénoménale pour les parents et futurs parents. Au fil des épisodes, on enrichit

LAMATRESCENCE

21 www.1000-premiers-jours.fr/fr

ses connaissances grâce aux nombreux professionnels spécialisés en parentalité qui y prennent la parole. Une véritable mine d'or !

@lequatriemetrimestre : Sophie Baconin considère le post-partum comme un trimestre à part entière, ancré dans le processus de la maternité. Elle partage son expérience personnelle de jeune maman et celle d'autres parents. De nombreux sujets y sont abordés, tels que le congé paternité, les injonctions (devoir être forcément heureuse en devenant maman, se sacrifier pour son enfant, retrouver la ligne et une sexualité rapidement…), le corps, ou encore la sexualité. Parfait pour s'informer sur la réalité de cette période riche en chamboulements !

@letourbillonpodcast : Shane Love est aux commandes de ce super podcast, qui raconte la maternité, la vraie, celle qui est unique pour chaque femme. Au fil des épisodes, les invitées livrent leur point de vue, les épreuves traversées, les joies et les combats. À écouter de toute urgence ! Car comme dit si bien Shane : « Chaque histoire est unique, chaque histoire nous rassemble. »

D'autres podcasts abordent des sujets plus précis comme l'allaitement, la place du papa ou du co-parent, etc. Il y a forcément de quoi trouver son bonheur !

Il existe beaucoup d'autres comptes tout aussi utiles et bienveillants. N'hésite pas à fouiller sur les réseaux en t'aidant d'hashtags comme #monpostpartum par exemple.

Livres

Voici la liste de super livres qui parlent de la parentalité, de la maternité et du post-partum :

- *La Remplaçante* – Sophie Adriansen et Mathou, éditions First, 2021.
- *Les Secrets du post-partum : 50 questions/réponses pour adoucir son quatrième trimestre* – Sophie Baconin, éditions Jouvence, 2021.
- *Dépression Post-Partum : la face cachée de la maternité* – Chloé Bedouet et Élise Marcende, éditions Larousse, 2023.
- *Tu seras une mère féministe ! Manuel d'émancipation pour des maternités décomplexées et libérées* – Aurélia Blanc, éditions Marabout, 2022.
- *Culpabilité, ta mère ! Confessions d'une maman d'aujourd'hui pour un maternage décomplexé* – Ophélie Bourgeois, éditions Leduc, 2021.
- *Le Mois d'or : bien vivre le premier mois après l'accouchement* – Céline Chadelat et Marie Mahé-Poulin, Presses du Châtelet, 2021.
- *Post-partum. Paroles de mères : pour en finir avec les tabous* – Réjane Éreau, éditions Leduc, 2021.
- *Choisir d'être mère : tout ce qu'on ne vous a pas dit sur la parentalité* – Renée Greusard, éditions JC Lattès, 2022.
- *Guide de survie aux 100 jours après l'accouchement* – Agnès Labbé, éditions Marabout, 2021.
- *Daronne & féministe : grossesse, post-partum, charge mentale… quand la maternité rend féministe !* – Fabienne Lacoude, éditions Solar, 2022.
- *SOS post-partum* – Marie-Élise Launay, éditions First, 2022.
- *Maman solo* – Shane Love, éditions Larousse, 2022.

- *Un post-partum en douceur : le modèle néerlandais des Kraamzorg* – Delphine Petit-Postma et Marion Joseph, éditions du Rocher, 2022.
- *La Vie rêvée du post-partum : confidences et vérités sur l'après-accouchement* – Anna Roy, éditions Larousse, 2021.
- *Nos Post-partum : un guide pour accompagner en douceur les mois de l'après-accouchement* – Masha Sexplique, Morgane Koresh et Ayla Saura, éditions Mango, 2022.
- *Ceci est notre post-partum* – Illana Weizman, éditions Marabout, 2021.
- *Le post-partum dure 3 ans* – Anna Roy, éditions Larousse, 2023.

3

Conseils et astuces pour un post-partum réussi

Pour Maman

L'allaitement

J'ai pour ma part pris la décision de ne pas allaiter. Pourquoi ? Pour de nombreuses raisons que je trouve légitimes. Tout d'abord, nous souhaitions, mon mari et moi, être investis à part égale dans l'alimentation de notre fille. Étant de nature anxieuse, je craignais également que l'allaitement soit pour moi une source de stress supplémentaire (vais-je arriver à l'allaiter ? Prend-elle assez de lait ? Mon lait est-il assez nutritif ?). Enfin, j'estime que mes seins m'appartiennent et je n'arrivais pas à concevoir qu'un bébé puisse s'y nourrir, point.

Si toi aussi tu n'as pas allaité ou que tu ne souhaites pas le faire, les raisons de ce choix sont aussi légitimes que les miennes. Il s'agit d'une décision prise pour ton bien-être mais aussi, par extension, pour celui de ton bébé.

Justine

Consultante en allaitement

Une consultante en allaitement, ou plus précisément une consultante en lactation IBCLC (International Board Certified Lactation Consultant/consultant en lactation certifié par le conseil international), est une professionnelle qui est au départ sage-femme, médecin, infirmière, puéricultrice, auxiliaire de puériculture, etc., et qui a suivi une formation spécifique en allaitement. À la suite de cela, elle obtient un diplôme international qui lui permet d'accompagner les parents dans leur projet d'allaitement. **Son rôle est d'informer à ce sujet, d'y préparer celles qui souhaitent le mettre en place, de les accompagner et de les soutenir – et ce jusqu'au sevrage.** Il peut être très intéressant de faire appel à elle car elle sait reconnaître les éventuelles pathologies liées à l'allaitement et donner la conduite à tenir.[1]

Pour aller plus loin

Voici le lien de l'annuaire des consultantes en allaitement disponibles en France[21].

Je t'invite également à aller voir le compte Instagram de Julie @ahauteurdenfant

AHAUTEURDENFANT

1 www.consultants-lactation.org/annuaire-des-ibclc/

ASTUCES DIVERSES

J'ai donc choisi de ne pas allaiter, en accord avec moi-même et mon mari. Mais je trouve cette aventure merveilleuse. Je me suis vraiment informée sur le sujet et j'ai pu rencontrer des personnes qualifiées qui m'ont donné certains conseils indispensables à connaître si on allaite. Je vais donc te les partager ici.

Comme je l'ai déjà dit, tu peux déjà faire appel à une consultante en allaitement pendant ta grossesse. Elle pourra répondre à tes interrogations et t'informer.

Le matériel nécessaire et utile

Des vêtements d'allaitement : la marque Tajinebanane® (@tajinebanane) sera ta meilleure amie ! Tu pourras allaiter partout, tout le temps, de jour comme de nuit, à la plage comme au restaurant. C'est vraiment une référence en matière de vêtements d'allaitement. Il en existe d'autres évidemment, et il y a de quoi trouver ton bonheur. Pense aussi au soutien-gorge/brassière d'allaitement ! Et veille à prendre une ou des tailles au-dessus de la tienne car ta poitrine va gonfler avec les montées de lait.

Des coussinets d'allaitement : à glisser dans ton soutien-gorge, ils sont utiles car il se peut que du lait s'échappe et coule. Il en existe des jetables et des lavables.

Un tire-lait : il te permet de stimuler ta lactation et de tirer ton lait en prévision de tes absences. Associe-le avec un bandeau d'expression kit mains libres pour réaliser l'opération en toute tranquillité. Prévois des sachets de conservation de lait maternel pour congeler tes réserves. Pendant les tétées, l'autre sein fuit parfois – des coquilles spécifiques recueillent alors cet excès de lait.

Les coquillages d'allaitement : ils protègent tes tétons et les maintiennent hydratés et à l'abri des frottements des vêtements, pour ainsi prévenir les éventuelles crevasses.

Un coussin d'allaitement : pratique, pour rendre plus confortable ton allaitement.

Les bouts de sein : ils te seront utiles si ton bébé a du mal à prendre le sein ou si tes mamelons sont endoloris. Cependant, cela doit rester une solution à court terme. D'ailleurs, si tes mamelons te font mal ou si tu souffres de crevasses, utilise des crèmes. Melicare® et Baûbo® en proposent de très efficaces.

Des encas pensés pour les femmes qui allaitent : tu en trouveras chez Jollymama® par exemple, pour te fournir les apports dont tu as besoin, et ce facilement.

Un bon fauteuil : prévois-en un qui se balance afin de te créer un endroit confortable pour allaiter.

BIEN CHOISIR SON COUSSIN D'ALLAITEMENT ET COMMENT L'UTILISER

Le coussin d'allaitement, aussi appelé « coussin de maternité », ne sert pas uniquement à allaiter. Il a d'autres utilités tout aussi intéressantes[2] : il peut servir de support à Bébé ou t'aider à dormir plus confortablement pendant ta grossesse et/ou ton post-partum.

- Pour bien le choisir, il faut tout d'abord déterminer son remplissage. Les meilleurs à mon sens sont ceux **remplis de microbilles** car elles permettent de lui donner la forme que tu souhaites et d'épouser ce qui entre en son contact (c'est le cas quand Bébé est dessus par exemple).

- Il est important de **vérifier que le poids de ton coussin** d'allaitement est compatible avec l'usage que tu souhaites en faire. S'il est trop lourd, il sera difficile pour toi de le déplacer.

- Il existe beaucoup de housses différentes pour habiller ton coussin. Ce que je trouve intéressant personnellement (et mon coussin est comme ça), c'est quand la housse est **imperméable**. Tu peux donc l'emporter partout avec toi : un coup d'éponge, et le coussin redevient propre.

- Sa forme doit être légèrement **incurvée**, comme une banane. Pas trop non plus car il sera sinon inconfortable pour t'endormir. Mais s'il ne l'est pas suffisamment, il ne sécurisera pas ton bébé quand tu l'installeras dessus. Le plus important étant qu'il doit

2 www.aubert.com/conseils/article/choisir-coussin-allaitement/

retrouver facilement et rapidement sa forme naturelle après avoir été manipulé, signe qu'il s'agit d'un coussin de qualité.

- Enfin, le meilleur conseil que je puisse te donner, c'est d'**aller directement en magasin les essayer et les manipuler.** Cela te permettra de voir de façon plus précise s'il pourrait potentiellement te correspondre ou non.

Voici les positions d'allaitement recommandées[3] :

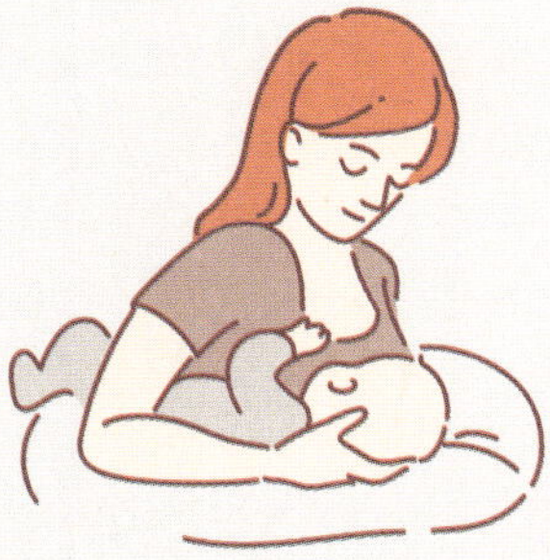

Position Rugby

Position Berceuse

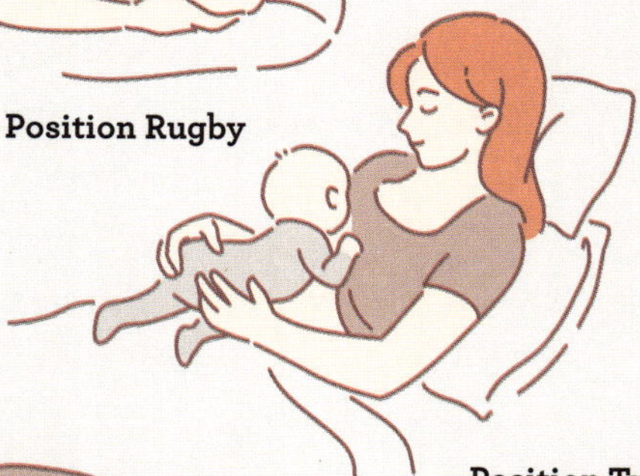

Position Transat

Position Allongée

3 www.laitdemum.com/blogs/infos/les-positions-dallaitement

« J'ai donc choisi de ne pas allaiter, en accord avec moi-même et mon mari. Mais je trouve cette aventure merveilleuse. »

Pour Bébé

Les pleurs

Les différents « types » de pleurs : comprendre, identifier et agir

Les pleurs s'avèrent parfois très déstabilisants pour les jeunes parents et **représentent alors une vraie source de stress et d'interrogations.** Je vais t'aider au mieux pour y voir plus clair !

Déjà, rappelle-toi que **les pleurs représentent la seule façon pour un bébé de communiquer** (associés à d'autres comportements dont je vais te parler juste après) et que, même s'ils sont longs et intenses, cela ne signifie pas forcément que ton enfant est en souffrance ! Rassure-toi, il exprime le plus souvent simplement un besoin.

Mais lequel ? Il a faim, est fatigué, a besoin de réconfort, d'être changé, d'être bercé, il a peut-être mal au ventre, ou est malade… Bref, il existe beaucoup de possibilités !

Priscilla Dunstan, experte en parentalité, a étudié les pleurs du bébé et a écrit un livre intitulé *Il pleure, que dit-il ? Décoder enfin le langage caché des bébés*[4]. Celle-ci a réussi à classer les pleurs en plusieurs catégories. Selon elle en effet, la sonorité du pleur exprimerait le besoin du nourrisson.

Par exemple :

4 JC Lattès, 2016.

Certes, c'est un coup à prendre, mais tu finiras par te faire la main !

Sache qu'il arrive aussi que Bébé pleure sans raison particulière. Il s'agit de **pleurs de décharge** : un nourrisson grandit de jour en jour et réagit aussi face aux stimuli reçus – nouvelles rencontres avec des personnes qu'il ne connaissait pas, nouveaux bruits, nouveaux lieux ou odeurs… **Parfois, il s'imprègne juste de récentes acquisitions !**

Remarque importante : évidemment, plus les jours vont passer, plus tu vas connaître ton enfant. Très souvent, ces pleurs ne durent pas plus d'un trimestre. Si tu sens néanmoins que quelque chose ne va vraiment pas (par exemple des pleurs réellement incessants), il faut t'écouter et consulter si besoin.

Les pleurs de nouveau-né ont été extrêmement difficiles à vivre pour moi. Ils sont souvent très aigus et stridents, ce qui devient très vite angoissant. Alors, au début, on patauge et on essaye de comprendre comme on peut.

Justine

Parents : faire face aux pleurs

Quelquefois, les pleurs du nourrisson sont source d'angoisse, de peur aussi : peur de ne pas comprendre ou de ne pas y arriver, crainte que Bébé ait quelque chose de grave, etc. Ce sont des réactions normales. Je vais te donner quelques astuces pour y faire face de façon plus sereine.

Dans un premier temps, il faut **essayer de comprendre son besoin et d'y répondre.** Pour cela, la première chose à faire est de le prendre dans les bras et de le rassurer en le berçant et en le réconfortant. **Tu peux abuser des bras, cela ne rendra pas ton bébé capricieux et ne lui fera pas prendre de mauvaises habitudes.** Tu peux même le faire en « peau à peau ». Quant au portage, il te permet d'avoir les mains libres, tout en rassurant Bébé, qui a alors l'impression de retrouver sa vie intra-utérine – rien de plus sécurisant pour lui ! L'emmaillotage apaise aussi très bien certains tout-petits, qui retrouvent là encore leurs sensations *in utero*.

> ***« Savais-tu que 15 à 30 % des bébés pleurent plus de 3 heures par jour même s'ils sont en parfaite santé ? »***

Les pleurs se prolongent ? Passe la main : si la possibilité s'offre à toi, **passe le relais au co-parent ou à une personne de confiance dans ton entourage.** Ne reste pas seule face aux pleurs de Bébé car cela s'avère très éprouvant à la longue, et, parfois, on arrive à bout. Il est donc important de s'écouter et de demander de l'aide ! Prendre soin des autres commence par prendre soin de soi. Si tes besoins sont remplis, il sera plus facile pour toi de répondre à ceux de ton bébé et de prendre du recul. La bienveillance envers les autres commence avec soi-même.

Si tu sens que tu vas craquer, que le stress ou la fatigue montent, ne prends pas de risques : pose ton bébé dans son lit en sécurité et isole-toi quelques instants pour te recentrer, respirer et t'apaiser.

Attention, il est important de s'écouter pour éviter d'en arriver au drame : **un bébé ne doit jamais être secoué !** Ce geste peut avoir de lourdes conséquences, jusqu'à la mort du nourrisson.

Une astuce : apaiser son enfant avec des bruits, notamment les bruits blancs

Les bruits blancs sont des bruits de fond, qui rappellent aux bébés ceux qu'ils entendaient *in utero*. Ils provoquent une sensation d'apaisement et peuvent faciliter l'endormissement.

Où « trouver » des bruits blancs ? C'est tout simple : **l'aspirateur, la hotte de la cuisine ou encore le sèche-cheveux font partie des appareils qui produisent des bruits relaxants pour Bébé.** Il existe également des vidéos sur Internet qui émettent des bruits blancs, mais aussi des peluches et même des veilleuses !

Garde toujours en tête que Bébé sait qu'avec toi, il peut s'exprimer sans se contenir. **Tu seras toujours la meilleure pour lui apporter la sécurité affective et le réconfort dont il a besoin.**

Les coliques

Les coliques, qu'est-ce que c'est ?

Les coliques du nourrisson sont provoquées par une immaturité du système gastro-intestinal. La digestion est perturbée car les nouvelles graisses apportées par le lait auraient du mal à être digérées et provoqueraient de fortes douleurs chez le nourrisson. **Les coliques peuvent commencer 3 semaines après la naissance, mais se déclarent généralement entre la 6e et la 8e semaine.** Elles peuvent durer jusqu'aux 3 mois de l'enfant, voire 4 mois, mais rarement au-delà.

Cela se traduit par des pleurs intenses, notamment le soir. Ces derniers s'accompagnent de certains comportements caractéristiques :

- les jambes du nourrisson se rabattent contre son ventre et celui-ci se raidit ;
- il serre ses poings et devient rouge ;
- il a le ventre très dur au toucher, accompagné de gaz ;
- il peut se réveiller régulièrement en pleurs.

Ma fille a eu des coliques jusqu'à ses 4 mois. C'était assez déstabilisant car on ressent la souffrance de son bébé mais on reste complètement impuissant... Les techniques que je te partage ci-après m'ont vraiment aidée à soulager ma fille !

Justine

ASTUCES POUR SOULAGER BÉBÉ

- Vérifier qu'il y ait le moins d'absorption d'air possible pendant la prise de lait et bien faire faire le rot ;
- bercer ou pratiquer le portage ;
- masser le ventre de Bébé dans le sens des aiguilles d'une montre ;
- appliquer une bouillotte aux noyaux de cerise sur le ventre ;
- favoriser un environnement calme ;
- renforcer la flore intestinale de Bébé avec les gouttes Lactobacillus Reuteri Protectis 5 ml de BioGaia® ;
- donner 5 ml de Calmosine ou 1 stick de Pédiakid® Bébé Gaz avant chaque prise de lait pour calmer les douleurs ;
- penser à l'homéopathie : diluer 5 granules de Colocynthis dans 20 ml d'eau et donner 5 ml avant chaque prise de lait.

« Si tu te sens dépassée par la situation, que tu trouves que les épisodes de coliques sont intenses ou s'accompagnent de symptômes comme de la fièvre ou de la diarrhée, consulte au plus vite un professionnel de santé. »

LES POUSSÉES DENTAIRES

Les reconnaître

Les premières poussées dentaires **peuvent se manifester dès 3 mois.** C'est à ce moment-là que Bébé peut commencer à doubler les gencives, signe que les dents avancent et vont bientôt percer.

L'ordre d'arrivée des dents se déroule globalement ainsi :

- les deux incisives du bas, puis celles du haut (entre 4 et 12 mois) ;
- les incisives latérales (entre 9 et 13 mois) ;
- les premières molaires (entre 13 et 19 mois) ;
- les canines (entre 16 et 22 mois) ;
- les deuxièmes molaires (entre 25 et 33 mois).

Évidemment, chaque bébé va à son rythme et ne suit pas nécessairement l'ordre ci-dessus !

Les symptômes possibles :

- Bébé met les doigts à la bouche en grimaçant ;
- il salive beaucoup et cherche à mettre tout ce qui passe à la bouche ;
- il a les joues rouges et peut avoir de la fièvre ;
- il connaît des épisodes de diarrhée et a les fesses irritées ;
- il se nourrit et dort plus difficilement ;
- les gencives sont gonflées et blanchissent sur la zone où les dents vont percer ;
- il devient parfois grognon et pleure facilement.

Pour aller plus loin

Je t'invite à aller voir les comptes Instagram d'Élodie @doctochou et de Jules @ped.urg

DOCTOCHOU

PED.URG

Que faire ?

- Lui donner des jouets dentaires à mâchouiller – tu peux préalablement les mettre au congélateur car le froid viendra calmer la douleur ;
- masser ses gencives à l'aide d'un gel anesthésiant comme Dolodent® 3 fois par jour ;
- préparer des morceaux de fruits congelés à glisser dans une sucette adaptée (pas avant 4 mois et sous surveillance) ;
- faire des glaces de lait (maternel comme infantile, et sous surveillance également) ;
- donner un quignon de pain à mâchouiller (toujours sous surveillance !) ;
- pratiquer le peau à peau et/ou le portage ;
- donner de l'homéopathie : Chamomilla Vulgaris 9 CH® en suppositoire 3 fois par jour ou des pipettes de Camilia® (6 par jour maximum) ;
- calmer la douleur avec du Doliprane®, ou une goutte d'huile essentielle PranaBB de chez Pranarô®m sous la plante des pieds matin et soir.

« Le savais-tu ? Il arrive que des bébés naissent avec une ou deux dents. Et pour d'autres, les premières dents ne sortent qu'à l'âge de 14 mois. »

Si besoin, n'hésite pas à consulter un professionnel de santé ! Élodie @doctochou et Jules @ped.urg donnent de très bons conseils sur ce sujet également.

Le sommeil

Le sommeil des nourrissons

Il faut savoir qu'un nouveau-né (0-3 mois) dort environ 14 à 18 heures par jour. Plus il va grandir, plus son temps de sommeil va se réduire et venir s'adapter au cycle circadien. J'évoque ce cycle, car avant 4 mois, Bébé ne fait aucune différence entre le jour et la nuit. C'est d'ailleurs pour cela que vers 4 mois, on parle de régression du sommeil chez les bébés.

Je sais que pour beaucoup de parents, le sommeil est très compliqué à vivre. Si le nouveau-né dort mal, tout le monde dort mal. Et rien de pire que d'être fatigué pour affronter une longue journée… On sait très bien également que le manque de sommeil joue un rôle considérable sur l'humeur, et même sur les risques de dépression. Alors souviens-toi simplement que tu n'es pas seule et que même si cette période paraît interminable, un jour, les bonnes nuits de sommeil seront de retour !

Il est très, très important de rester vigilant face à la mort inattendue (ou subite) du nourrisson **(voir p. 98)**, qui peut survenir jusqu'aux 12 mois du tout-petit. Pour cela, il faut respecter les consignes pour un couchage sécurisé : **Bébé dort sur le dos, sans couverture, ni peluche, ni tour de lit, afin d'éviter le risque d'étouffement.**

Comment favoriser un bon sommeil ?

- **Respecter le temps d'éveil selon l'âge** (de 30 minutes à 2 heures entre 0 et 3 mois, 2 heures à 4 heures entre 4 et 12 mois, et cela continue d'augmenter) ;

- **repérer les signes de fatigue** : Bébé se frotte les yeux, bâille, a les yeux et les sourcils rouges, pleure ;

- **essayer d'écouter au mieux le besoin de sommeil** de son bébé et d'instaurer une routine pour le calmer au moment de le coucher : sommeil et sieste dans le noir, câlin et change avant de dormir, berceuse par exemple ;

- **penser à ce qui est susceptible de rassurer Bébé** durant son sommeil : veilleuse, sucette, couverture d'emmaillotage, bruits blancs, etc.

Garde en tête encore une fois que chaque nourrisson va à son propre rythme et a des besoins différents. Au fil des jours, tu apprendras à comprendre ton enfant et à répondre au mieux à ses besoins.

En attendant, si c'est trop dur, tu peux te tourner vers un professionnel de santé, ou même vers ce que l'on appelle des consultantes en sommeil.

LA RÉGRESSION DU SOMMEIL

La régression du sommeil[5] est une dégradation brutale de ce dernier. Cela peut se traduire par des **réveils nocturnes, des mises à la sieste compliquées voire impossibles ou encore une résistance, accompagnée de pleurs, au moment de l'endormissement.**

Des changements comportementaux peuvent apparaître comme de l'excitation, des pleurs plus fréquents ou de l'agacement. Bébé peut également réclamer davantage d'attention. Généralement, les moyens habituels d'endormissement ne fonctionnent plus : **refus catégorique d'aller dans son lit, ou encore un élan ou une perte d'appétit.**

Cela est souvent lié à l'acquisition d'une nouvelle compétence par Bébé sur le plan psychomoteur (position assise, quatre pattes, marche...) ou cognitif (langage par exemple). **Cette étape, tout à fait normale, fait partie de son développement cérébral.**

Il existe des régressions majeures en fonction de l'âge de Bébé :

- **À 4 mois :** cette phase est liée à un **changement hormonal** et à un **développement émotionnel.** La structure du sommeil de Bébé passe d'un endormissement en sommeil agité puis en sommeil calme à un endormissement en sommeil lent puis en

5 www.bebeaucalme.fr/post/les-régressions-du-sommeil

sommeil paradoxal. En somme, il intègre un sommeil dit « plus mature ». De plus, Bébé prend conscience du lien d'attachement qui l'unit à ses parents et éprouve des difficultés à se séparer d'eux.

- **Entre 7 et 9 mois :** c'est le début de la période de **l'angoisse de la séparation.** Mais c'est également le moment où Bébé acquiert de nombreuses compétences motrices : passage du plat dos au plat ventre, position assise, etc.
- **À 12 mois :** cette phase est dans la continuité des **nouvelles acquisitions,** comme les premiers pas par exemple. Mais il y a aussi à cet âge-là un important **développement émotionnel et cognitif.**
- **À 18 mois :** c'est la **deuxième vague de l'angoisse de la séparation.** C'est aussi à ce moment-là que se développent la personnalité et la parole.
- **Entre 2 et 3 ans :** l'enfant devient sociable et s'affirme de plus en plus à travers l'apprentissage de la parole. Il comprend qu'il peut dire « non » et faire ses propres choix. Une **phase d'acquisition majeure** qui peut donc venir troubler son sommeil.

Les régressions du sommeil dites « contextuelles » peuvent survenir lors de changements rencontrés par l'enfant ou le bébé dans ses repères habituels. Cela peut être lié à un nouveau mode de garde, à un déménagement, à l'arrivée d'un bébé ou encore à des poussées dentaires. **Toutefois, une fois ce changement intégré, il se sentira à nouveau en sécurité et tout rentrera dans l'ordre en quelques semaines.**

Les consultantes en sommeil

Cette profession est exercée par une spécialiste qui a suivi une vraie formation dans le domaine du sommeil, mais qui cumule aussi des connaissances en psychologie, physiologie et développement de l'enfant. Elle est apparue dans les années 1990 aux États-Unis et s'est vite répandue dans de nombreux pays. Démunies, beaucoup de familles font régulièrement appel aux spécialistes en sommeil. Cependant, en France, cette profession reste méconnue, et encore peu de parents pensent à consulter quand leur bébé dort mal.

Attention, le métier de consultante en sommeil n'est pas un métier reconnu comme étant une profession médicale et **ne se substitue pas à l'avis d'un professionnel de santé.** Les consultantes en sommeil agissent plutôt comme une guide ou une accompagnante pour améliorer la qualité du sommeil de Bébé, et donc de toute la famille.

Pour aller plus loin

Je t'invite à aller voir le compte Instagram de Florence @bebe.au.calme

BEBE.AU.CALME

« J'ai personnellement eu recours à une consultante en sommeil, qui m'a beaucoup, beaucoup aidée. Milla a fait une grosse régression du sommeil à 2 ans, alors qu'elle dormait très bien jusqu'alors. En une séance avec Florence de @bebe.au.calme, c'était réglé. Elle nous a fait déculpabiliser et nous a rassurés mon mari et moi en nous expliquant que les troubles du sommeil sont quelque chose de physiologique et que nous n'y étions pour rien. L'astuce : planifier le rituel du soir et du coucher sur un support que Milla va elle-même manipuler pour intégrer cette routine de façon rassurante. Grâce à tout cela, Milla a retrouvé un sommeil calme et serein en 10 jours environ. »

Le RGO (reflux gastro-œsophagien)

Le comprendre

Les régurgitations sont assez fréquentes les premiers mois (60 % des bébés présentent des régurgitations/reflux). Sans danger, elles sont constituées de lait et de salive et surviennent principalement juste après que le tout-petit a bu, lorsque le contenu de l'estomac remonte vers l'œsophage encore immature.

En général, ces régurgitations n'engendrent pas de douleur et ne présentent pas de risques. Cependant, il arrive que cela soit plus difficile. On parle alors de « RGO compliqué/pathologique » :

- Bébé se débat pendant la prise de lait ;
- il a mal ou fait preuve d'irritabilité après avoir bu ;
- il pleure intensément, à n'importe quelle heure du jour et de la nuit ;
- il peut faire entendre une toux, une voix rauque ou une respiration sifflante, avoir des reflux à chaque prise de lait ou des pneumonies à répétition ;
- il présente des troubles du sommeil ;
- sa prise de poids et sa croissance sont laborieuses.

Tous ces symptômes ne sont pas systématiquement liés au RGO compliqué, et peuvent être associés à d'autres problèmes comme les fameuses coliques

Biberons anti-coliques

Ces biberons proposent une ventilation optimale pendant l'alimentation de Bébé et assurent la diminution du risque de coliques.

Les valves anti-coliques de ces biberons facilitent la digestion de Bébé par un écoulement lent et régulier du lait. Ce système de ventilation permet d'évacuer l'air présent dans le lait. Grâce à cela, Bébé avale alors moins d'air et digère bien mieux. Ces valves ont pour actions :

• d'empêcher la remontée de lait ;

• d'éviter les fuites ;

• de réduire les gaz de Bébé ;

• de lutter contre la régurgitation après le repas.

du nourrisson, une œsophagite, des troubles de l'oralité ou encore une intolérance alimentaire. Quoi qu'il en soit, si tu sens que ton bébé est gêné, souffre ou présente un ou plusieurs des symptômes précédents, n'hésite pas à consulter un professionnel de santé.

La prise en charge

Voici quelques astuces pour soulager ton bébé. En revanche, j'insiste : n'oublie pas de consulter un professionnel au moindre doute, c'est lui qui diagnostiquera le RGO compliqué et te prescrira le traitement adapté.

- Faire des pauses durant la prise de lait pour laisser descendre et faire faire le rot ;
- garder Bébé en position verticale 30 minutes après l'avoir nourri ;
- éviter de trop l'allonger en lui donnant à boire, et même pendant son sommeil (favoriser une position inclinée d'environ 30 °). Si la tête et le torse sont légèrement relevés par rapport au reste du corps, les remontées de lait seront réduites ;
- s'il est nourri au biberon, opter pour des modèles anti-coliques ;
- lui donner 1 à 3 gouttes de Confort intestinal[6] de chez Herbalgem® par jour dans un biberon ou *via* la maman qui allaite ;
- consulter un ostéopathe ou un chiropracteur.

J'espère que ces astuces pourront t'aider. Tu peux également aller voir sur les réseaux sociaux, il existe certains groupes d'entraide entre parents de bébés RGO. Ça fait toujours du bien de se sentir moins seul !

Je t'invite à nouveau à aller voir les comptes Instagram d'Élodie @doctochou et de Jules @ped.urg (voir p. 162).

6 www.mon-herboristerie.com/les-gemmo-complexes/1709-cologem-bio-flacon-50-ml-confort-intestinal-gc19-herbalgem.html

Pour toi, mais aussi pour le co-parent

Le portage

Les bienfaits

Je pourrais te parler du portage pendant des heures tellement je trouve cette pratique miraculeuse autant pour nous, les parents, que pour le bébé. Cela consiste tout simplement à **porter son enfant en position verticale contre soi, à l'aide d'un porte-bébé ou d'une écharpe.** Les avantages sont multiples.

Pour le porteur :

- avoir les mains libres et ainsi la possibilité de vaquer à ses occupations tout en ayant Bébé près de soi ;
- renforcer le lien avec son enfant.

Pour Bébé :

- il se régule mieux (rythme cardiaque, respiration, température corporelle) ;
- il est apaisé et rassuré car il retrouve une continuité avec sa vie intra-utérine grâce à la proximité, le mouvement et l'enveloppement qu'apporte le portage ;
- sa digestion est facilitée ;
- son sommeil est favorisé ;
- c'est positif pour son développement moteur, cognitif et sensoriel.

Bref, que de bonnes raisons de pratiquer le portage !

Le portage et tout ce que tu dois savoir

Même si le portage n'a que des bénéfices, il faut impérativement veiller à ce qu'il soit pratiqué dans de bonnes conditions pour assurer au mieux la sécurité de Bébé. Pour cela, voici quelques explications et conduites à tenir.

La première chose à savoir est qu'il est important de pratiquer le portage de façon physiologique, c'est-à-dire qu'il faut que le corps de Bébé et ses mouvements soient respectés pour ne pas créer de futurs problèmes :

- bas du dos arrondi ;
- porte-bébé ou écharpe de portage couvrant les fesses et les cuisses, jusqu'aux creux des genoux ;
- genoux plus hauts que les fesses ;

Et bien sûr, il faut toujours **veiller à ce que ses voies respiratoires soient dégagées** pour éviter tout risque d'étouffement.

BIEN PORTER SON BÉBÉ POUR ÉVITER LE MAL DE DOS

Le mal de dos pendant le portage de Bébé est un problème courant pour beaucoup de parents, au point de parfois les décourager complètement de le faire. Des problèmes d'ajustement ou de positionnement sont souvent la cause de ce mal. Le porte-bébé n'est probablement pas bien serré et Bébé est positionné trop bas : il pèse ainsi beaucoup trop sur le milieu et le bas du dos.

Quelques conseils :

- Plus Bébé est positionné vers le haut de ton corps, moins il y a de charge sur ton dos. Petite technique pour t'assurer de cela : Bébé doit être suffisamment proche de toi pour que tu puisses l'embrasser.
- La ceinture du porte-bébé doit être sur la taille, et non pas reposer sur les hanches.
- Les bretelles répartissent le poids de Bébé dans la ceinture. Des bretelles lâchées ou serrées de façon asymétrique décentrent Bébé. Un seul côté du cou et du dos supporte alors la charge, entraînant une fatigue musculaire. Les jambes de Bébé doivent être parallèles entre elles.
- Lorsque Bébé dépasse 10 kilos, il est préférable de passer au portage sur le dos. Pense toujours à ne pas trop serrer le porte-bébé. Bébé doit se sentir à l'aise et pouvoir bouger.

Tu peux porter Bébé de différentes façons :

- **ventre contre ventre :** c'est la position à privilégier pour profiter pleinement des bienfaits du portage ;
- **face au monde, grâce au porte-bébé :** cela permet au tout-petit de découvrir ce qui l'entoure. Cependant, pour que cette pratique soit sécuritaire, il faut respecter quelques éléments essentiels : Bébé doit être capable de tenir sa tête seul et doit être réveillé ;
- **sur la hanche :** cette option s'avère une bonne alternative au portage face au monde car elle respecte bien la physiologie du tout-petit – à privilégier cependant lorsque Bébé est un peu plus grand ;
- **dans le dos :** pour le porter ainsi, il doit avoir acquis la position assise. Cette option est donc également à favoriser si Bébé est un peu plus âgé.

Le portage a été un outil majeur qui aura facilité mon post-partum et renforcé le lien avec ma fille. J'avais l'impression de revivre les moments où ma fille était dans mon ventre : notre lien grandissait car nous nous retrouvions collées l'une à l'autre. Je pouvais en plus faire de nombreuses choses car j'avais les mains libres tout en ayant ma fille contre moi !

Justine

Les différents outils de portage :

- **Le porte-bébé préformé, de type « sac à dos » :** doté de bretelles et de sangles réglables, il présente une sorte d'assise semi-rigide qui appuie le poids de l'enfant sur le bassin du porteur. Il faut toujours vérifier que le porte-bébé est adapté à l'âge de l'enfant et contrôler quelles sont les positions possibles avec.

« Veille à ce que l'écharpe ou le porte-bébé soit physiologique/ ergonomique pour Bébé et adapté(e) à la façon dont tu souhaites le porter. »

- **L'écharpe de portage :** la meilleure solution selon moi car elle s'utilise à tous les âges de Bébé et permet de pratiquer le portage de toutes les façons possibles, grâce à différents nouages.
- **Le porte-bébé meï-taï :** c'est un mix entre l'écharpe et le porte-bébé. Principalement équipé de tissus similaires à ceux de l'écharpe, il est renforcé d'une assise semblable à celle du porte-bébé classique. Il est d'un grand confort, autant pour le porteur que pour Bébé.
- **Le porte-bébé en bandoulière ou l'écharpe avec anneaux :** il s'agit d'un porte-bébé fait en tissu, sur lequel sont intégrés des anneaux pour le régler et l'adapter en fonction de l'âge. Bébé y est porté de côté ou parfois en position semi-allongée.
- **Le porte-bébé de randonnée :** cet équipement renforcé se porte sur le dos et est pourvu de nombreux accessoires pour accompagner de longues marches. Cependant, son utilisation se limite à des enfants plus âgés, capables de rester en position assise assez longtemps.

Si tu as besoin d'accompagnement, tu peux également faire appel à une monitrice de portage.

Pour aller plus loin

Voici le lien du compte Instagram de @dansmapocheakangourou, monitrice de portage

DANSMAPOCHEAKANGOUROU

Le peau à peau

Le peau à peau est vraiment quelque chose d'exceptionnel. Et pourtant, personne ne m'en avait jamais parlé pendant ma grossesse. Lorsque je l'ai découvert, cela a beaucoup facilité ma vie.

Tu peux faire du peau à peau jusqu'à n'importe quel âge de Bébé ! Et où tu le souhaites : dans un lit, sur un fauteuil, dans ton canapé, et même dans un bain. C'est un peu comme les câlins, toujours réconfortants. Bref, rien de plus agréable, ni de plus simple. Il suffit d'avoir ton bébé (nu ou en couche) contre ta peau. Le co-parent aussi est invité à essayer !

Les bienfaits

Sa principale fonction est de **faciliter la transition du ventre de la maman vers le monde extérieur.** Mais il existe de nombreux autres bienfaits :

Pour Bébé :

- Favoriser le lien d'attachement ;
- stabiliser sa respiration, son rythme cardiaque et sa température ;
- réduire la douleur ou le stress ;
- diminuer les pleurs ;
- apaiser et favoriser l'endormissement.

Pour la maman et le co-parent :

- Favoriser la production d'ocytocine ;
- réduire le stress parental ;
- apaiser et faciliter l'endormissement ;
- mais surtout : encourager le lien d'attachement !

Comment s'y prendre ?

Il y a des règles de sécurité à appliquer durant le peau à peau :

- veiller à ce que le visage de Bébé soit toujours bien découvert ;
- le placer dans une position confortable ;
- couvrir son dos à l'aide d'une couverture.

Le peau à peau m'a clairement sauvé la vie. Durant les premières semaines de ma fille, c'était vraiment le seul moment que j'appréciais avec elle. J'en ai donc abusé : je me sentais bien lorsqu'elle était sur moi, j'étais apaisée. Aujourd'hui encore, je me permets ce plaisir, et ça a été pour moi le meilleur moyen de renforcer le lien d'attachement entre nous.

Justine

Le « Thalasso Bain Bébé »

Qu'est-ce que c'est ?

Le Thalasso Bain Bébé (TBB) a été créé en 2000 par Sonia Krief Rochel, auxiliaire de puériculture avec près de 40 ans d'exercice hospitalier au service des bébés en maternité.

Il s'agit d'un bain dans lequel **Bébé est enveloppé dans un lange afin qu'il puisse se remémorer ses sensations *in utero*.** La température du bain se situe aux alentours de 37 °C. Une fois à l'intérieur du bain, Bébé se détend en se laissant guider librement par les mouvements de l'eau. C'est apaisant pour lui, tant sur le plan physique qu'émotionnel, et cela le libère de certaines tensions liées à sa naissance. **Ce bain lui offre un moment de détente et d'abandon, facilitant ainsi sa transition vers la vie extérieure.** Le Thalasso Bain Bébé est également une expérience magique et émouvante pour les parents. Il crée une connexion intense avec Bébé, grâce au regard et au toucher, tout au long de la séance, et renforce le lien. La pièce est équipée de lumières tamisées et d'une petite musique douce pour l'ambiance.

L'idéal est de réaliser un premier bain dans les 3 semaines suivant la naissance.

Les bienfaits

Que la mise au monde ait été facile ou non, le bain enveloppé est une expérience sensorielle et émotionnelle intéressante pour le bébé autant que pour les parents. **Si l'accouchement a été**

particulièrement intense, c'est une manière de le revivre et de l'accepter de part et d'autre...

Le bain doit être réalisé par un professionnel formé spécifiquement au Thalasso Bain Bébé.

Il est important de se référer uniquement à cette liste car le Thalasso Bain Bébé est une méthode déposée, qui nécessite une formation prodiguée uniquement par l'École du Bien Naître[7].

Pour aller plus loin

L'École du Bien Naître, fondée par Sonia Krief Rochel, répertorie les personnes formées et les ambassadeurs sur son site.

7 www.lecoledubiennaitre.com/wp-content/uploads/2023/01/LISTE-OFFICIELLE-AMBASSADRICES-2023-8.pdf

La sexualité

La reprise

À la naissance de Bébé, notre corps vient de traverser le marathon de l'accouchement ; il doit parfois cicatriser dans des zones intimes et se restructurer en profondeur. À cela s'ajoute la fatigue du post-partum et un nouveau-né qui demande une attention quasi constante. **Il est donc normal que la priorité ne soit pas vraiment à la reprise immédiate de la sexualité !**

Prends le temps de faire connaissance avec ton nouveau corps. Au début, tu risques de ne pas vraiment reconnaître ce dernier : ventre vide mais toujours gonflé, douleurs de cicatrices, marques, vergetures, silhouette différente de celle que tu avais avant ta grossesse… Cette période est compliquée à vivre pour certaines femmes.

Lorsque l'accouchement a été difficile, qu'il y a des points de suture, il arrive qu'on ne reconnaisse pas son intimité. **On peut aussi appréhender que les rapports sexuels soient source de douleurs, ou craindre que rien ne redevienne jamais comme avant.** Ce sont des interrogations courantes, tu n'es et tu ne seras pas la première ni la dernière à passer par là ! Il est important de te dire que tout va rentrer dans l'ordre, même si cela prend parfois du temps.

Décide de reprendre la sexualité quand tu le souhaites. **La reprise de la sexualité se fait quand TOI tu le décides et quand TOI tu en as envie et quand tu te sens prête !** D'autres façons de vivre un moment intime existent en attendant, sans forcément passer par la pénétration. C'est un peu comme s'il s'agissait d'une première fois, tous les feux doivent être au vert pour que tu aies envie de te lancer.

« Il est primordial que ton partenaire soit acteur et à l'écoute afin de créer un climat de confiance et de consentement. »

Important : ton partenaire n'a pas à te mettre une quelconque pression sur le sujet. Ce n'est pas à lui de décider si l'activité sexuelle doit reprendre. La communication est la clé pour instaurer un climat de confiance et de consentement. Donc si pour toi c'est non, c'est non et tu en as le droit !

Je te glisse quelques livres et comptes Instagram en guise de références :

- *La Vérité sur le sexe après bébé* – Caroline Le Roux, éditions Larousse, 2022.
- *Réinventer sa vie intime après bébé* – Camille Bataillon, éditions Kiwi, 2021. @camilleparlesexe
- *Guide de survie sexuelle des parents* – Flore Cherry et Geneviève Suryous, éditions Tabou, 2020. @flore_cherry et @guenievresuryous
- *Sexplorer en couple : 50 pages de conseils pratiques pour préserver et renouveler le désir* – Masha Sexplique, éditions Mango, 2022. @mashasexplique
- Le compte Instagram de Charline @orgasme_et_moi

Pour nous, la reprise de la sexualité n'était pas du tout à l'ordre du jour durant le premier mois post-accouchement ! La pression liée à l'arrivée de notre fille était déjà grande : il fallait s'en occuper jour et nuit et retrouver tous nos repères. Nous avions beaucoup de mal à nous accorder du temps à deux ou avions simplement envie de dormir. Puis j'ai ressenti le besoin d'être intime avec mon mari : j'avais besoin de me réapproprier mon corps et ma féminité. Mon mari a été très à l'écoute et la communication fut encore une fois la clé pour remettre en route la machine le plus sereinement et le plus agréablement possible.

Justine

J'ai mal : que faire ?

Il est important de rappeler que NON, ce n'est pas normal d'avoir mal, et NON, ce n'est pas ta faute ! Il faut impérativement consulter un professionnel de santé pour effectuer un diagnostic et soulager tes douleurs.

Qui consulter ?

Voici des liens utiles pour trouver des professionnels formés, *safe* et à l'écoute :

- **Les Clés de Vénus**[8] : il s'agit d'un annuaire qui regroupe tous les professionnels de santé sensibles aux douleurs sexuelles féminines ;
- **Gyn&co**[9] : ici tu trouveras des professionnels *safe* et bienveillants (gynécologues, médecins et sage-femmes) ;
- **annuaire AFRePP** (kinésithérapeutes formés) ;
- **annuaires IPPP et EIRPP** (kinésithérapeutes formés) ;
- **annuaire Périnée Bien-Aimé** (sage-femmes) ;
- **Resendo** (spécialisé dans l'endométriose, mais assez peu fourni en province).

Et n'oublie pas : tu n'es pas une exception. Les douleurs des zones intimes touchent de nombreuses femmes.

8 www.lesclesdevenus.org/directory-annuaire/

9 www.gynandco.wordpress.com/

Le baby-clash

Qu'est-ce que c'est ?

La notion de baby-clash renvoie au **choc et aux tensions qu'implique une naissance dans un couple.**

Car l'arrivée d'un bébé dans un foyer n'est pas sans conséquences : cela provoque beaucoup de changements, d'épreuves, de désaccords. Associés au stress, au manque de sommeil et à la charge mentale, ces facteurs peuvent favoriser les tensions. Or, il est normal d'estimer que c'est compliqué de retrouver sa place et de se retrouver en tant que couple. Mais la société nous berce avec un idéal parental, et la réalité représente parfois une désillusion (voire une déflagration) pour certains parents.

Pour mieux comprendre : **66 % des couples subissent le baby-clash et parmi eux, 20 % voient leur relation très affectée.** Des chiffres qui traduisent une situation peu anodine mais encore trop tabou…

> **Évidemment, comme 66 % des parents après la naissance d'un enfant, des tensions sont apparues dans mon couple. Avec la fatigue et la grande place que prend ce tout nouveau petit être, parfois ça éclate. Nous avons su communiquer et ne pas rester sur des disputes ou des non-dits. Écouter l'autre et savoir exprimer ses ressentis et difficultés nous ont vraiment aidés à vaincre cela.**
>
> **Justine**

Les différentes clés pour s'en sortir

Évidemment, de nombreux couples survivent à cette étape (et heureusement !). Je vais te donner quelques clés pour passer le cap :

- **Se préparer à la réalité :** soyez conscients que la naissance d'un enfant va transformer vos vies. Avant, tu n'avais qu'à penser à toi et à ton ou ta partenaire. Il faut intégrer que les priorités vont changer et que les besoins de Bébé vont passer avant les vôtres, ce qui est susceptible de créer de la frustration et de la colère. Il est important de garder en tête qu'une grande différence existe parfois entre ce que l'on a imaginé et la réalité.
- **Communiquer :** privilégie le dialogue et sois indulgente envers toi et ton ou ta partenaire, en tenant compte des fameux facteurs difficiles qui peuvent vous impacter tous les deux (nuits courtes, fatigue ou irritabilité). Comprenez que la disponibilité l'un pour l'autre va être compliquée à trouver. Discutez-en et essayez de planifier des moments à deux pour vous retrouver et relâcher la pression. Enfin, prends surtout du temps pour toi, pour te ressourcer et satisfaire tes propres besoins. Si tu es en accord avec toi-même, il te sera plus facile d'accueillir les émotions de l'autre, et la communication sera plus fluide. Dis-toi bien que vous êtes tous les deux dans le même bateau ! La charge mentale ne doit pas peser sur un seul d'entre vous. Vous allez avoir besoin de vous soutenir et de vous organiser au mieux pour aborder cette étape de la façon la plus sereine possible.
- **Solliciter de l'aide :** n'hésite pas à recourir à l'entourage, pour souffler ou vous offrir un moment à deux, ou à un professionnel de santé, pour mettre les choses à plat avec le co-parent.

PUBLICATION PARTAGÉE LE 19 FÉVRIER 2021
PAR LEPOSTPARTUM

LE BABY CLASH EN CHIFFRES

66 %

2 couples sur 3
traversent un baby clash
après l'arrivée
d'un enfant[1].

20 %

C'est le nombre de couples qui
voient leur relation très affectée
à la suite d'un baby clash.

56 %

La majorité des mères
qui vivent un baby clash
ont moins de 35 ans[2].

1. Selon une étude réalisée en 2021 par l'institut Elabe pour WeMoms.
2. Selon une étude réalisée en 2021 par l'institut Elabe pour WeMoms.

Le retour au travail

La reprise de l'activité professionnelle apporte un changement supplémentaire dans cette nouvelle vie de maman. **Parfois, ce retour est perçu comme une délivrance, qui permet de se retrouver autrement qu'en tant que mère, et parfois, c'est tout l'inverse et cela devient une réelle source d'angoisse :** devoir se séparer d'un si petit être et le laisser à quelqu'un d'autre que soi peuvent transformer cette étape en une véritable épreuve, très stressante. Et je comprends tellement ! À mon sens d'ailleurs, le congé maternité est bien trop court pour laisser à la maman et au bébé le temps de créer un contexte rassurant et de prendre leurs marques. Alors voici quelques pistes pour rendre la reprise plus fluide.

J'ai repris le travail lorsque ma fille avait 10 mois. J'ai été arrêtée à cause de ma dépression post-partum après mon congé maternité, puis est arrivé le moment où j'ai ressenti le besoin de retrouver mon activité. Je me sentais prête et je sentais que ma fille l'était aussi. J'avais besoin d'exister autrement qu'en tant que mère, je voulais me reconsidérer personnellement et professionnellement, retrouver du contact avec des adultes, mais j'avais surtout besoin de cette reprise pour trouver un véritable équilibre dans cette nouvelle vie.

Justine

S'organiser

Anticiper est l'un des mots-clés pour bien vivre cette transition. Étant donné le peu de temps laissé à une jeune maman et son bébé après l'accouchement, il est normal de commencer assez tôt à réfléchir et se poser des questions pour la suite.

- **Congé parental :** sache que ce dernier est un droit et que l'employeur ne peut pas te le refuser. **Tu peux bénéficier d'un an de congé, renouvelable deux fois jusqu'aux 3 ans de ton enfant.** Il est possible d'effectuer son congé parental de façon totale ou partielle, c'est-à-dire en reprenant le travail à mi-temps par exemple.
- **Mode de garde :** je te conseille de commencer assez rapidement à te renseigner pour choisir et trouver une solution qui puisse prendre effet au bon moment. Si une crèche existe sur ton lieu de travail, ton accès est prioritaire. Si tu embauches une assistante maternelle, assure-toi que celle-ci soit bien agréée ! Pense aussi à établir une liste de questions à lui poser pour en savoir plus sur elle et son mode de fonctionnement. Très important : le feeling passe avant tout. Il est primordial que tu fasses confiance à 100 % à la personne à qui tu confies ton enfant. Si tu en a la possibilité, faire garder Bébé par de la famille représente d'ailleurs une solution très rassurante : tu seras plus à l'aise et eux pourront profiter de ton tout-petit.
- **Charge mentale :** qui dit changement dit nouvelle organisation. Il faut que tu planifies au mieux ta nouvelle vie afin de ne pas alourdir ta charge mentale, et pour cela, informe ton employeur : indique-lui avec précision les horaires auxquels tu dois récupérer ton enfant pour éviter les réunions de dernière minute… Il faut aussi que le co-parent soit impliqué et fasse sa part. N'hésite pas à solliciter de l'aide extérieure le cas échéant.

- **Halte à la culpabilité :** il y a des mamans qui adorent rester avec leurs enfants à la maison, et d'autres pour qui le travail donne un sens à leur vie. Ce n'est pas pour autant que l'une est une meilleure mère que l'autre ou que l'une aime moins son enfant que l'autre. La mère parfaite n'existe pas, il n'y a pas de modèle-type de maman à suivre. Seule une femme épanouie et bien dans sa peau pourra bien vivre sa vie de maman. Alors écoute-toi et fais ce que tu penses être le mieux !

Pour aller plus loin

Tu peux trouver ici la liste des assistantes maternelles agréées[31].

Et n'oublie pas

Quels que soient tes horaires et ton emploi du temps, ce n'est pas le temps partagé avec ton enfant qui compte, mais la qualité de celui-ci.

10 www.monenfant.fr/trouver-un-mode-d-accueil

BIEN CHOISIR SON ASSISTANTE MATERNELLE

Je te donne ici quelques conseils, tout en étant consciente que nous n'avons pas toujours le choix concernant les modes de garde et que nous devons aussi nous adapter : une assistante maternelle ne correspondra pas forcément à ton idéal mais voici toutefois ce qui me semble important :

- **Passer si possible par une agence ou une association.** Faire appel à des professionnels, souvent plus sérieux, est rassurant.

- **Choisir idéalement une assistante maternelle proche de ton domicile et/ou de ton lieu de travail.** C'est une vraie économie de temps de trajet, qui permet d'éviter de réveiller Bébé trop tôt le matin et de pouvoir le récupérer plus rapidement le soir. En cas d'urgence, tu pourras intervenir rapidement, ce qui est rassurant.

- **Privilégier une assistante maternelle flexible.** Accepte-t-elle les potentiels retards ? Lui arrive-t-il de refuser de prendre l'enfant (en cas de maladie par exemple). Quand prend-elle ses congés payés ? Autant de choses à définir dans le contrat afin d'éviter tout conflit ou malentendu.

- **Visiter le lieu d'accueil.** À quoi ressemble le lieu où elle accueillera ton bébé ? Est-il sécurisé ? Y a-t-il un extérieur ? Regarde également l'endroit où va dormir ton bébé : est-il adapté et au calme pour lui assurer un sommeil de qualité ?

- **Se renseigner sur le nombre d'enfants dont l'assistante maternelle s'occupe.** En effet, l'agrément fixe à 4 le nombre maximum, sauf cas exceptionnels. C'est ensuite l'assistante maternelle qui décide du nombre d'enfants qu'elle souhaite garder simultanément. Ce critère est important, mais c'est aussi à chacun de décider : certains parents préfèrent que leur enfant soit socialisé dès son plus jeune âge, d'autres que l'assistante maternelle s'occupe davantage de leur enfant.

- **Rencontrer les autres enfants que garde l'assistante maternelle.** Cela te permettra d'observer avec qui ton bébé va interagir. Tu pourras également regarder comment elle se comporte avec eux et le lien qu'ils ont construit.

- **Se renseigner sur les règles éducatives et de vie chez l'assistante maternelle.** Correspondent-elles aux tiennes ? Idem pour le rythme au quotidien (sieste, promenade, repas et activités) : comment s'organise-t-elle ?

- **Observer sa gestion des conflits.** Comment s'y prend-elle ? Il est important de connaître ses réactions afin de savoir si elles correspondent à ta méthode éducative afin de garantir le bon épanouissement de ton bébé.

- **Quelles activités propose-t-elle ?** Sont-elles variées (coloriage, pâte à modeler, peinture, sorties au parc, etc.) ? Quel est son rapport à la télévision ? Ce sont des points importants à clarifier afin d'être certaine que ton mode d'éducation sera respecté.

- **Enfin, l'un des points les plus importants : y a-t-il un bon feeling ?** Il est primordial que tu te sentes bien en sa présence, tout comme ton bébé. Il faut qu'elle soit accueillante, chaleureuse, aimable... On ne le dira jamais assez : la première impression est souvent la bonne ! Si pour n'importe quelle raison l'assistante maternelle ne plaît ni à toi ni au co-parent, inutile d'aller plus loin. Enfin, le ressenti de ton bébé est très important car c'est lui qui va passer son temps avec elle !

LES AIDES FINANCIÈRES À LA GARDE

Les crédits d'impôt

Il existe des crédits d'impôt pour aider financièrement les parents qui font garder leur enfant. **Attention, les conditions et les montants ne sont pas les mêmes selon si tu emploies une nounou à domicile, qui garde ton bébé chez toi, ou une assistante maternelle, qui travaille chez elle.**

Si tu confies ton enfant à une nounou à domicile, c'est-à-dire à une auxiliaire parentale dans le langage officiel, tu peux prétendre à un crédit d'impôt représentant 50 % des dépenses engagées, dans la limite de 12 000 € (15 000 € la première année) avec une majoration de 1 500 € par enfant[11]. En revanche, si toi ou le co-parent ne travaillez pas, c'est une réduction d'impôt qui s'applique[12].

Ton enfant est gardé par une assistante maternelle ou en crèche ? Tu as droit à un crédit d'impôt égal à 50 % des sommes effectivement versées (non couvertes par une prestation de la Caf, par exemple). Attention, les dépenses prises en compte sont plafonnées à 3 500 € par enfant au 1er janvier 2023. L'avantage fiscal est donc, au maximum, de 1 750 € par enfant.

Pour aller plus loin et simuler tes droits[13] :

11. www.service-public.fr/particuliers/vosdroits/F12/personnalisation/resultat

12. www.travail-emploi.gouv.fr/droit-du-travail/le-particulier-employeur/article/les-aides-a-l-emploi-d-un-assistant-maternel

13 www.service-public.fr/particuliers/vosdroits/F8

La PAJE (Prestation d'accueil du jeune enfant) *via* la Caf

Selon la situation de ton couple, il t'est possible de bénéficier de plusieurs aides :

- une prime à la naissance ;
- une allocation de base ;
- un complément de libre choix d'activité ;
- un complément de libre choix du mode de garde (CMG).

Le complément de libre choix du mode de garde (CMG) s'articule ainsi :

- versement d'une allocation mensuelle, plafonnée selon les revenus de ton couple, le mode d'accueil et l'âge de l'enfant.
- paiement de 50 % des cotisations sociales pour l'emploi d'une garde à domicile (avec un plafond mensuel en 2022 de 471 € pour un enfant de moins de 3 ans). Dans le cas d'une assistante maternelle agréée, les cotisations sociales sont prises en charge à 100 % par la Caf.

Pour aller plus loin et simuler tes droits[14] :

14. www.caf.fr/allocataires/aides-et-demarches/droits-et-prestations/vie-personnelle/le-complement-de-libre-choix-du-mode-de-garde-cmg

Les aides de ta région, département ou commune

Il peut exister aussi des dispositifs d'aide dans certaines régions, départements ou communes. **Renseigne-toi auprès de ces collectivités pour connaître le montant des aides auxquelles tu peux prétendre.**

Exemple : à Paris, c'est la PAPADO qui donne le droit à un montant variant de 105 € et 420 € par mois.

Les aides de l'employeur

Il est possible que ton entreprise ait mis en place des aides pour la garde d'enfant. En général, elles prennent la forme d'un CESU pré-financé (moyen de paiement qui permet de rémunérer l'assistante maternelle), d'une valeur définie. Si tu travailles dans la fonction publique, l'État propose également des CESU pré-financés.

Pour aller plus loin

Le réseau Maman travaille[34] apporte aide et astuces.

Décider de tout changer

Parfois, devenir mère réveille en nous une envie de changement, une force qui nous pousse à faire des choses que nous n'osions pas entreprendre avant : quitter son travail pour se mettre à son compte, changer de milieu professionnel, décider de se consacrer uniquement à son enfant… C'est important de s'écouter car cette envie va souvent de pair avec la volonté de changer pour s'adapter au mieux à sa nouvelle vie. Si tu as les moyens et le soutien nécessaire, FONCE !

PUBLICATION PARTAGÉE LE 24 FÉVRIER 2021
PAR LEPOSTPARTUM

15 https://mamantravaille.typepad.fr/

Histoires de mamans

Alice

Alice est une toute jeune maman qui a rencontré des difficultés avec son bébé, mais surtout qui a manqué d'accompagnement et d'aide durant son post-partum.

Le bébé d'Alice et de son conjoint était très attendu : après une conception longue et une grossesse bien vécue, il arrive enfin par déclenchement. Cependant, le séjour à la maternité d'Alice se passe mal : son conjoint ne peut pas être présent de façon continue, l'équipe est froide, me dit-elle. Elle n'ose alors pas demander de l'aide et se laisse sombrer psychologiquement.

Malgré l'aide bienveillante du papa, Alice n'arrive pas à sortir la tête de l'eau : entre les visites insistantes de l'entourage, un bébé qui pleure beaucoup le soir et qui présente des soucis de santé (notamment une hospitalisation de 24 heures pour une suspicion de diabète), Alice craque. Elle est prise de multiples crises d'angoisse qui l'empêchent de s'occuper de son bébé, et des cauchemars viennent hanter son sommeil.

C'est lors du rendez-vous des 6 semaines post-accouchement qu'elle décide d'aborder le sujet avec son gynécologue. Alice est donc orientée vers la psychologue de la maternité : elle a un suivi tous les 15 jours. Mais la chute d'hormones n'arrange rien et Alice perd confiance en elle, surtout lorsque seuls les bras de son conjoint calment son bébé. Elle remet énormément en question son rôle de maman.

Malgré quelques disputes, Alice et son conjoint restent soudés. Aujourd'hui, elle reprend confiance en elle grâce à une thérapie avec un psychologue, et réussit à s'occuper de son fils quelques heures. Elle ressort marquée de cette expérience et ne comprend pas comment on peut aujourd'hui laisser les jeunes mamans seules et sans aide durant le post-partum.

Marina

Marina est la maman d'un bébé touché par le syndrome de Pierre Robin et dont le post-partum fut difficile.

Marina et son conjoint ont beaucoup désiré ce bébé. Alors, à l'approche de sa naissance, ils ont vraiment hâte d'enfin le rencontrer. Cependant, l'accouchement fut extrêmement difficile : très en souffrance, le bébé ne répondait pas aux poussées de Marina et n'arrivait pas à descendre. Le corps médical décide donc d'utiliser la ventouse. Enfin ! Bébé sort. Mais l'équipe ne revient pas tout de suite avec lui. Quand le médecin arrive enfin, il dit de but en blanc : « Votre bébé présente une fente palatine, il va en réanimation. » Et là, le monde s'écroule.

Le papa part avec le bébé ; Marina reste seule et abasourdie de ce qu'elle vient d'apprendre. Elle retourne en chambre sans son bébé ni son conjoint. On lui explique trois jours après de quoi son bébé est touché et ce qu'il en est. Elle se sent vide. Tout son rêve s'envole, tout ce qu'elle avait imaginé se brise. Aucun soutien psychologique n'est proposé par la maternité, pas d'aide dans la mise en place de l'allaitement également. Son bébé reste un mois et demi hospitalisé. Marina et son conjoint se soutiennent et restent soudés, mais ils vivent tout de même un cauchemar.

Le syndrome de son bébé l'empêche de s'alimenter correctement, la mise au sein est difficile et douloureuse. Marina vit sa maternité comme un échec total. Mais l'autorisation du retour à la maison pour son bébé lui donne une lueur d'espoir ; elle va retrouver ses repères et pouvoir materner dans son cocon. Toutefois, la réalité est tout autre : le passage de l'hôpital à la maison est une véritable épreuve ! Marina est dans le déni et n'accepte pas la situation : elle et son conjoint s'enfoncent.

Les difficultés liées aux problèmes de santé de son bébé sont compliquées à gérer à la maison. Et à cela s'ajoutent le RGO, le manque de sommeil et les disputes de couple. Marina s'épuise à s'occuper de son bébé, jour et nuit. Le manque de temps pour elle et pour son couple transforme ce moment qui devait être si heureux en calvaire. Elle se sent seule et incomprise par son entourage, et le passage de couple à parents est difficile. Elle prend donc les devants et décide de commencer une thérapie avec une psychologue, qui aura finalement duré un an.

Aujourd'hui, son bébé (qui n'en est plus un) a 4 ans et tout va pour le mieux ! Les choses se sont mises en place petit à petit : Bébé a grandi, l'alimentation s'est améliorée et Marina et son conjoint ont trouvé leur place en tant que parents. Il y a encore des moments difficiles, un manque de temps pour soi, mais elle vit les choses plus sereinement. Comme elle me l'a si bien dit : « Des parents qui vont bien, c'est un enfant qui va bien. Se sacrifier pour son enfant n'est pas quelque chose que nous concevons. » - @nospetitsspr

Loreen

Loreen, maman d'une petite fille de 15 mois, a vécu son post-partum comme une tornade. Depuis ses 21 ans, Loreen a toujours désiré devenir mère. Alors, après son mariage, elle et son mari décident d'essayer d'avoir un bébé. Elle fait malheureusement une fausse couche. Peu de temps après, pour leur plus grand bonheur, elle tombe à nouveau enceinte, mais elle reste hantée par sa précédente fausse couche et reste anxieuse durant sa grossesse, marquée par la fatigue et le diabète gestationnel (qui vient perturber ses envies de sucre).

Son accouchement se déroule à merveille, un accouchement de rêve me confie-t-elle. Le séjour à la maternité se déroule bien, sa fille est un ange. Mais elle et son mari ont hâte de retrouver leur maison pour prendre leurs marques. Cela ne se passe évidemment pas comment prévu. Elle me confie que c'était un enfer ! Elle pleurait continuellement sans savoir quoi faire, elle et son mari ont même fini par se demander s'ils avaient bien fait de se lancer dans cette aventure. Loreen pleurait beaucoup et se sentait démunie.

Son mari était très impliqué mais il se posait lui aussi beaucoup de questions. Leur fille est compliquée, surtout les trois premiers mois : coliques, reflux internes, elle dort très peu et seulement sur maman ; Loreen me dit vivre un véritable cauchemar. À partir de ce moment-là, les crises de panique s'enchaînent et elle tombe dans un cercle vicieux. Elle me dit se sentir dépassée et incomprise ; les regrets de cette nouvelle vie la submergent. Elle demande de l'aide auprès de sa famille mais, même malgré cela, elle ne s'en sort pas. Et son mari a du mal à trouver sa place.

Aujourd'hui, avec le recul, elle me confie s'être sentie différente des autres mamans et par honte, elle n'a pas osé se tourner vers une psychologue. Sa fille a maintenant 15 mois et émerveille ses parents chaque jour avec ses rires et son air de clown. Elle est beaucoup plus autonome, ce qui soulage beaucoup Loreen. Il y a toujours des jours avec et des jours sans ; elle sait maintenant être patiente. Loreen va beaucoup mieux, elle a appris à connaître sa fille et à ne plus craindre les changements. Elle dit avoir eu beaucoup de regrets au début de sa maternité, mais ils se sont estompés avec le temps, surtout lorsqu'elle regarde sa fille grandir et rire aux éclats.

Je remercie ces trois merveilleuses mamans pour leur témoignage ! J'espère que leur prise de parole et leur courage permettront de te prouver une fois encore que tu n'es pas seule face aux difficultés maternelles.

Le mot de la fin

Ce livre est une véritable consécration pour moi car il permettra, je l'espère, d'aider et de soutenir de nombreuses jeunes et futures mamans, qui, comme moi, peuvent se sentir seules dans leurs difficultés maternelles et complètement perdues face à ce nouveau rôle.

Il ne faut plus hésiter à mettre des mots sur tes maux, ne plus hésiter à demander de l'aide, ne plus hésiter à lever les tabous sur la maternité et le post-partum. C'est en informant que nous arriverons un jour à obtenir un suivi convenable en post-partum : il est plus que nécessaire !

En attendant, j'espère que ce livre te fera te sentir moins seule. Alors n'hésite pas à le partager à tes amis ou à de jeunes ou futures mamans comme cadeau de naissance.

Les voix se lèvent, les tabous se brisent et du mieux est à venir...

Ressources/liens utiles

AFCL : Annuaire des consultants en lactation IBCLC – www.consultants-lactation.org/annuaire-des-ibclc/

Ameli (l'Assurance Maladie) : Après l'accouchement : le retour à la maison – www.ameli.fr/assure/sante/themes/accouchement-et-nouveau-ne/suivi-domicile

Ameli (l'Assurance Maladie) : Le congé parental – www.ameli.fr/index.php/assure/droits-demarches/famille/maternite-paternite-adoption/conge-parental-education

Ameli (l'Assurance Maladie) : Reconnaître le reflux gastro-œsophagien du nourrisson – https://www.ameli.fr/assure/sante/themes/rgo-nourrisson/definition-causes

Bébé au calme : Consultante en sommeil 0 à 5 ans – www.bebeaucalme.fr

Burnout parental : Test – https://www.burnoutparental.com/suis-je-en-burnout

Cabinet Psy – enfant : Burn-out maternel – www.psy-enfant.fr/burn-out-maternel-definition-test/

Cairn : « Intérêt et pertinence des bilans neuroendocriniens en post-partum immédiat » – www.cairn.info/les-troubles-psychiques-precoces-du-post-partum--9782749200071-page-29.htm

Chambre syndicale de la sophrologie : Trouver un sophrologue – www.annuaire-sophrologues.fr/

Clémentine Sarlat : La Matrescence – https://clementinesarlat.com/podcasts/la-matrescence/

CNGE : « Incontinence urinaire du post-partum : l'évoquer dans la consultation suivant l'accouchement » – www.campus-umvf.cnge.fr/materiel/Incontinence_urinaire_postpartum.pdf

Dumas : « L'état de stress post-traumatique en périnatalité. État des lieux des connaissances et des pratiques des sages-femmes » – www.dumas.ccsd.cnrs.fr/dumas-02268548

Gyn&Co : Liste de soignant.e.s féministes – www.gynandco.wordpress.com/trouver-un-e-soignant-e/liste-des-soignantes/

Inserm / Drees : Enquête nationale périnatale, rapport 2016 – www.xn--epop-inserm-ebb.fr/wp-content/uploads/2017/10/ENP2016_rapport_complet.pdf

Institut français de l'hypnose : Annuaire des professionnels de santé formés en hypnose – www.hypnose.fr/annuaire-therapeutes/

Le Bien-être : Massages ayurvédiques pour la grossesse et le post-partum – www.lebienetre.fr/article-blog/all/874/massages-ayurvediques-pour-la-grossesse-et-le-post-partum

L'école du bien être : Thalasso Bain bébé – www.lecoledubien-naitre.com/formations/thalasso-therapeutique-bain-bebe-1004081

Les Clés de Vénus : Annuaire des professionnels sensibilisés aux douleurs sexuelles féminines – www.lesclesdevenus.org/annuaire-pro/

Maman blues : Échelle de la dépression post-partum d'Edimbourg (test) – www.maman-blues.fr/1000-jours-epds-widget/

Maman travaille : Le blog – www.mamantravaille.typepad.fr/

Ministère du travail, du plein emploi et de l'insertion : Le congé parental d'éducation – www.travail-emploi.gouv.fr/droit-du-travail/les-absences-pour-maladie-et-conges-pour-evenements-familiaux/article/le-conge-parental-d-education

Monenfant.fr : Trouver un mode d'accueil – www.monenfant.fr/que-recherchez-vous/mode-d-accueil

Mumiz : Accompagnement et relais parental à domicile – www.mumiz.fr

Naître et Grandir : La dépression post-partum – www.naitreetgrandir.com/fr/etape/0_12_mois/viefamille/fiche.aspx?doc=ik-naitre-grandir-maman-depression-postpartum-babyblue

Naître et Grandir : Le syndrome de mort subite du nourrisson – www.naitreetgrandir.com/fr/sante/naitre-grandir-sante-bebe-deces-syndrome-mort-subite-nourrisson/

Organisation mondiale de la Santé – https://www.who.int/fr

Oummi Materne : Le soin rebozo – www.oummi-materne.com/soin-rebozo-soin-feminin-ancestral/

1000 premiers jours – www.1000-premiers-jours.fr/fr/les-1000-premiers-jours

Serrop : Annuaire des ostéopathes OPP – www.seropp.org/annuaire-osteopathe-bebe-femme-enceinte-enfant.php

Temesira : Massages autour de la naissance – www.temesira.org/autour-de-la-naissance/

Université numérique francophone : Cours sur la visite postnatale – www.archives.uness.fr/sites/campus-unf3s-2014/maieutique/UE-obstetrique/visitepostnatale/site/html/1.html

Contacts

Nom :

Qualité :

Tél :

E-mail :

Adresse :

Nom :

Qualité :

Tél :

E-mail :

Adresse :

Nom :

Qualité :

Tél :

E-mail :

Adresse :

Nom :

Qualité :

Tél :

E-mail :

Adresse :

Nom :

Qualité :

Tél :

E-mail :

Adresse :

Nom :

Qualité :

Tél :

E-mail :

Adresse :

Numéros utiles

Allo Parents Bébé Tél : 0 800 00 3456 | Du lundi au vendredi, de 10 h à 13 h et de 17 h à 21 h

Allo Écoute Parents Tél : 06 01 18 40 36 | De 13 h à 15 h

Allo Parents en crise Tél : 0 805 382 300 | Du lundi au vendredi, de 10 h à 13 h et de 14 h à 20 h et le samedi, de 10 h à 13 h

SOS Parentalité Tél : 09 74 76 39 63 | Du lundi au samedi, de 8 h à 12 h et de 14 h à 17 h

Suicide Écoute Tél : 31 14 | 24 h/24 et 7 jours/7

SAMU Tél : 15 | 24 h/24 et 7 jours/7

Numéro d'urgence pour toute l'Europe Tél : 112 | 24 h/24 et 7 jours/7

Mes comptes Instagram préférés

Mes podcasts préférés

Mes livres préférés et ceux à lire d'urgence

Mon carnet post-partum

Mes derniers mois de grossesse et mon accouchement :

Mon ressenti à l'arrivée de Bébé :

Le retour à la maison :

Comment ça va physiquement ?

Comment ça va psychologiquement ?

Index

Merci

« À ma fille, mon amour, ma poupée, ma chérie, mon petit chapeau de paille. À toi qui as changé ma vie pour toujours, et comme jamais je ne l'aurais imaginé. Ce livre, c'est notre histoire, à toi, à moi et à ton papa. Tu es le fruit de notre amour, je t'aime démesurément.

À mon mari, mon pilier, mon âme sœur, mon univers. Toi qui m'as comprise, toi qui m'as soutenue, toi qui n'as jamais douté de nous, de moi. À toi, le meilleur papa du monde. Je t'aime d'un amour éternel.

À ma maman et mon papa, qui m'ont soutenue et entourée, comprise et écoutée. Et surtout, qui ne m'ont jamais jugée. Je ne vous en remercierai jamais assez, je vous aime.

À mes sœurs : à Vanessa qui, malgré son jeune âge, m'a soutenue par ses câlins et sa tendresse. Je t'aime ma Bibiche, je suis fière de ce que tu deviens. À Mathilde, qui a vu ma détresse et a su réagir avec bienveillance. Merci pour ta présence, tu ne m'as jamais laissée seule. Je t'aime.

À ma belle-maman, qui m'a accompagnée durant mes difficultés, avec prévenance et douceur. Merci mille fois.

Merci à ma maison d'édition de m'avoir donné l'opportunité d'écrire ce livre, de m'avoir fait confiance, et surtout, de briser avec moi ce tabou si culpabilisateur autour de la maternité.

Et merci à toutes les personnes que j'ai rencontrées grâce à mon compte Instagram @lepostpartum. Merci aux professionnels de la parentalité, merci aux mamans. Merci à toutes les mamans : vous êtes les meilleures, et vous n'êtes pas seules. Enfin, maintenant, vous ne le serez plus jamais. **»**

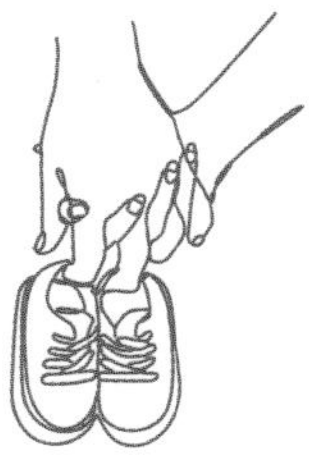

Les Éditions Larousse utilisent des papiers composés de fibres naturelles, renouvelables,
recyclables et fabriquées à partir de bois issus de forets qui adoptent un système
d'aménagement durable. En outre, les Éditions Larousse attendent de leurs fournisseurs
de papier qu'ils s'inscrivent dans une démarche de certification environnementale reconnue.

ISBN : 978-2-03-604526-2

Photogravure Chromostyle

Imprimé en Espagne par Estella Graficas

PAPIER À BASE DE FIBRES CERTIFIÉES

LAROUSSE s'engage pour l'environnement en réduisant l'empreinte carbone de ses livres. Celle de cet exemplaire est de : 1,6 kg éq. CO_2 Rendez-vous sur www.larousse-durable.fr

Dépôt légal : juin 2023

332608/01 - 11051721 – août 2023